KB200564

따라 하는 기도 4 감사

감사가 습관이 되게 하는 21일 기도 훈련

따라 하는 기도4
감사

장재기 지음

규장

내 삶을
천국으로 바꾸는 기도!

문제 기도 대신 감사기도로

지난겨울, 뜻밖의 손님이 제게 찾아왔습니다. 고난이었습니다. 예정된 집회 일정을 취소하고 모든 활동을 멈췄습니다. 제가 할 수 있는 것이 아무것도 없었습니다. 제 능력을 넘어선 일이었기에 하나님께 기도할 수밖에 없었습니다. 밤잠을 이루지 못하며 주님께 엎드렸습니다. 살려달라고 매달렸습니다. 기적을 베풀어달라고 간절히 부르짖었습니다.

그렇게 몇 달을 기도하는데 주님께서 제게 이제 그 문제에 관한 기도를 멈추고 감사기도를 시작하라고 말씀하셨습니다. 감사할 상황이 아닌데 감사하라 하시니 마음이 어려웠습니다. 하지만 '그럼에도 불구하고' 순종하기로 결정했습니다.

감사기도를 쓰고, 영상을 만들어 유튜브에 올렸습니다. 다른 사람이 아니라 저를 위해 만든 영상이었습니다. 매일 기도를 듣고 따라 했습니다. 그런데 이번에는 감사기도를 다른 이들과 함께하라는 마음을 주셔서 성도들과 함께 '감사기도 챌린지'를 시작하게 되었습니다.

감사기도 챌린지는 처음부터 제가 계획한 것이 아닙니다. 고난의 시간 동안 주님의 인도하심에 순종하면서 시작된 것입니다. 그런데 감사로 기도 시간을 채우기 시작하자 주님은 제가 상상하지 못했던 방식으로 일하기 시작하셨습니다. 불가능할 것 같던 일이 기적처럼 일어나게 하셨습니다. 전문가들은 안 된다고 했지만 하나님은 되게 하셨습니다.

주님은 이 시간 동안 높아졌던 제 마음을 낮추시고 부족한 저를 높여주셨습니다. 아무것도 할 수 없었던 저를 다시 일상의 자리로 돌아가게 하셨고, 사역의 지경을 이전보다 더 넓혀주셨습니다. 문제가 다 해결되진 않았습니다. 여전히 거센 폭풍이 저를 흔들어대지만 제 마음은 태풍의 눈처럼 고요합니다.

삶을 천국으로 바꾸는 21일의 감사 여정을 시작하자

저처럼 감사기도를 할 수 없는 상황에 처한 분들이 있을 것입니다. 병원에서 안 좋은 소식을 듣고, 사업체에 자금이 돌지 않고,

몇 달째 월급이 안 나오고, 월세가 밀리고, 대출이자를 갚지 못하고, 남편이 먼저 세상을 떠나고, 아내가 외도하고, 자녀가 중독에 빠져있고, 부모님이 병원에 입원하고, 다음 달 생활비가 없고, 온갖 스트레스와 우울증과 공황으로 일상이 무너진 분들이 있을 것입니다.

할 수 있는 게 아무것도 없는 지금, 기도해야 합니다. 기도로 상황을 돌파해야 합니다. 문제를 붙들고 하는 기도를 넘어서 감사기도를 시작해야 합니다. 어려워하거나 힘들어할 필요 없습니다. 조급할 필요도 없습니다. 이 책이 당신의 기도를 도와줄 것입니다. 그리고 감사기도가 구덩이에 빠진 당신을 건져 올리고, 묶고 있는 사슬을 풀어내고, 사망의 음침한 골짜기를 지나가게 할 것입니다.

이 책의 1부에서는 감사기도를 왜 드려야 하는지, 어떻게 감사를 드릴지를 설명하고, 2부에는 하나님, 믿음, 희망, 가족, 건강, 꿈, 만남, 교회 등 21가지 주제의 감사기도문을 실었습니다. 차근차근 따라 읽다 보면 하나님께서 베푸신 것에 감사하고, 허락하신 귀한 만남에 감사하고, 주어진 상황에 감사하는 기도 시간이 될 것입니다.

2부 기도문 끝에 '나의 감사기도'를 적어보는 페이지를 마련

했습니다. 감사기도를 읽으실 뿐만 아니라 자신의 감사기도 목록을 작성하거나 짧게라도 감사기도문을 적어보세요. 입술로 고백한 감사기도는 시간이 지나면 잊히지만 손으로 기록한 감사기도는 영원히 남습니다.

이 책을 활용하는 좋은 방법은 가까운 이들과 함께하는 것입니다. 감사기도 챌린지를 함께할 사람을 찾아보세요. 그리고 서로 격려하며 21일의 감사 여정을 시작해보세요. 21일간의 감사기도 챌린지를 통해 당신은 하나님의 놀라운 일하심을 보게 될 것입니다. 이 여정에 함께하는 당신의 삶에도 천국이 임하기를 소망합니다.

기도의 동역자

장재기 목사

프롤로그

PART 1 내 삶을 바꾸는 감사기도

PART 2 따라 하는 감사기도

CONTENTS

나의 감사기도

PART

01

내 삶을 바꾸는
감사기도

CHAPTER 1

왜 감사기도를 드려야 할까

감사는 감동을 부른다

제가 어느 교회로 집회를 하러 갔는데 장로님 한 분이 제 손을 잡고 "목사님, 〈따라 하는 기도〉 덕분에 제가 살았어요"라고 인사를 해오신 적이 있습니다. 이분은 코로나 시기에 운영하고 있던 사업체 2곳 모두 파산 신청을 해야 해서 너무 힘들었는데, 그때 〈따라 하는 기도〉를 알게 되었고, 그 기도들을 따라 하면서 버틸 수 있었다는 것입니다. 그러면서 제 손을 붙잡고 몇 번이나 감사하다는 인사를 하셨습니다.

누군가에게서 감사하다는 고백을 받아본 적이 있으신가요? 살면서 이런 말을 들어본 적이 있을 겁니다.

"장로님, 정말 감사해요. 장로님 덕분에 제 삶이 변했어요."

"집사님, 너무 감사해요. 집사님이 없었다면 저는 아마 포기했을 거예요. 감사해요."

제게 감사하다며 찾아온 친구 중에 기억에 남는 자매가 있습니다. 그 자매에게 힘든 일이 있어서 상담을 몇 번 해줬는데, 하루는 교회에서 마주쳐 반갑게 인사를 나눴습니다. 그런데 그 자매가 뭔가 말하고 싶은 눈치인데 말은 못 하고 사무실 앞 복도만 왔다 갔다 하고, "무슨 일 있니?" 하고 물어도 "아, 아니에요" 할 뿐이었습니다.

한참이 지났는데도 여전히 사무실 복도를 서성거리던 그 자매는 결국 "저… 목사님" 하면서 쭈뼛쭈뼛 가방에서 파스 2장을 꺼내서 내밀었습니다. 웬 파스냐고 물었더니 쑥스러워하며 "목사님, 허리가 아프시다는 이야기 듣고 사 왔어요" 하는 거였습니다. 고마운 마음에 뭐라도 감사하고 싶어서 사 왔는데 막상 파스 2장을 꺼내려니 조금 부끄러웠나 봅니다.

그 파스를 받아들고 사무실 자리에 와 앉았는데 눈물이 났습니다. 진심으로 감사하는 그 자매의 마음이 마치 두 렙돈을 드린 여인의 마음처럼 느껴졌습니다. 지금까지도 저는 '감사', 하면 파스 2장을 가지고 왔던 그 자매가 생각납니다. 감사가 감동을 불러옵니다.

제 아들이 여섯 살 때 어버이날 카드를 써왔습니다.

엄마, 아빠, 감사해요. 산이가

글씨도 삐뚤빼뚤하고 내용도 너무 단순합니다. 어쩌면 어린이집 선생님이 불러준 것일지도 모릅니다. 그런데 아들이 준 카드를 받고 감동한 저는 속으로 이런 결심을 했습니다.

'더 좋은 아빠가 되자.'

부족한 우리가 감동해도 이런 결심을 하는데 전능하신 하나님께서 감동하시면 어떻게 될까요? '그래, 내가 더 좋은 아빠가 되자. 내가 더 좋은 하나님이 되어야지' 이렇게 다짐하지 않으실까요. 하나님께서 감동 받으시면 인생은 게임 끝입니다.

어떻게 하나님이 우리같이 작은 존재에게 감동을 받으실 수 있을까요? 우리의 부족한 재능과 우리가 이룬 작은 성취로 어떻게 크신 하나님을 감동하시게 할 수 있을까요?

방법이 있습니다. 그것은 감사하는 것입니다. 하나님을 감동시키기 위해 내가 뭔가를 더 하는 것이 아니라 그분이 나를 위해 이미 하신 일에 감사할 때 주님은 감동하십니다.

반복되고 무뎌지면 감사가 멈춘다

"주님, 감사합니다"라는 감사기도는 누구나 할 수 있는 쉬운 기도지만 많은 사람이 잊고 살아갑니다. 몰라서 못 하는 것이 아닙니다. 알지만, 하지 않습니다. 왜 감사기도를 하지 않을까요? 사람은 반복되면 무뎌지기 때문입니다.

오래전 신학생 때 주중에는 대전에서 학교 다니고 주말에는 수지에 있는 지구촌교회에서 교사로 섬겼습니다. 그 당시 신학교는 산속에 있어서 교회에 가려면 일단 버스 종점까지 10여 분을 걸어와 버스를 타고 시외버스 터미널로 간 다음, 고속버스와 지하철, 마을버스를 갈아타고 다시 걸어서 조그만 산을 하나 넘어야 했습니다. 교회까지 넉넉잡아 4시간 정도 걸렸습니다.

그런데 전도사님 한 분이 조그만 경차를 중고로 구입해서 카풀을 하게 되었습니다. 4시간 걸리던 거리가 2시간이면 충분해졌습니다. 무더운 여름에 버스 정류장까지 걸어가지 않아도 되고, 추운 겨울에 버스를 기다리며 발을 동동거리지 않아도 되니 너무 좋았습니다. 무거운 짐을 들고 지하철역을 오르내리지 않아도 되니 너무 감사했습니다. 차를 탈 때마다 "주님, 감사합니다"가 절로 나왔습니다.

차를 열 번 얻어 탔으면 감사가 열 배로 커져야 합니다. 그런데 실제로는 그렇지 않습니다. 감사한 마음이 있긴 하지만 첫날처럼 감사하지는 않았습니다. 오히려 시간이 지날수록 감사가 줄었습니다. 1년 동안 카풀을 하고 다녔으면 1년 치의 감사가 쌓여야 하는데 '차가 조금 좁은데, 차가 너무 시끄러운데, 조금 더 큰 차로 바꾸면 좋겠다'라는 생각이 들었습니다.

이것이 사람의 마음입니다. 감사할 것이 있으면 저절로 감사가 될 것 같은데 감사할 일이 반복되니 감사했던 일이 당연해지고, 나중에는 불평이 됩니다. 행복은 감사의 문으로 들어오고 불평의 문으로 나간다는 말이 있습니다. 행복이 들어오는 문을 여는 열쇠가 감사기도입니다.

하나님께서 이미 우리에게 주신 것을 생각해봅시다.

아침에 눈을 뜨고 상쾌한 하루를 맞이할 수 있는 것,

따뜻한 이불을 덮고 누워 잠을 청할 수 있는 것,

하나님을 아버지라 부를 수 있는 것,

나의 운명이 영원한 천국으로 정해져 있다는 것,

나를 자신보다 더 아껴주는 부모님이 있다는 것,

아무것도 아닌 일로 깔깔대며 웃을 수 있는 가족이 있다는 것,

보고 싶다며 연락하는 친구가 있다는 것,

살면서 받아왔던 수많은 상처가 지워졌다는 것,

마음껏 꿈을 꿀 수 있다는 것,

마음만 먹으면 언제든지 배울 기회가 있다는 것…

너무 익숙해 당연하게 여겨온 이 모든 것은 결코 당연한 것이 아닙니다. 하나하나가 감사의 이유입니다. 그래서 '감사'의 반대는 '당연하게 여기는 것'입니다. 당연하게 여겨왔던 것들을 감사 기도로 바꾸십시오.

감사기도는 힘든 삶을 천국으로 만든다

이스턴워싱턴대학 심리학과의 필립 왓킨스 교수는 "감사란 나에게 좋은 일이 있다는 것과 이 좋은 일이 외부로부터 왔다는 것을 인정할 때 느끼는 감정"이라고 말했습니다.

자신에게 좋은 일은 하나도 없고 늘 안 좋은 일만 일어난다고 생각하고, 그나마 좋은 일은 모두 자신이 애써서 얻은 것이라고 생각하는 사람은 감사하지 못합니다. 감사는 내게 좋은 일이 있다는 것과 함께, 이 좋은 일이 내가 아닌 외부로부터, 하나님에게서 왔다는 것을 인정할 때 할 수 있습니다.

강준민 목사님(새생명비전교회)은 "질투는 남이 받은 것을 세어보는 것이고, 감사는 내가 받은 것을 세어보는 것"이라고 말했습니다. 감사할 것이 아무리 많아도 남이 받은 것을 세어보는 순간 감사는 사라지고 질투만 남습니다. 그러나 내게 주신 것을 세어보기 시작할 때 내 삶은 천국이 됩니다.

천국은 하나님의 임재가 있는 곳입니다. 시편 기자는 감사함으로 그 문에 들어가라고 합니다(시 100:4). 감사가 하나님의 임재로 들어가는 천국 문의 열쇠입니다. 지금 내 상황이 어떻든 상관없습니다. 아무리 사는 것이 힘겹고 고단해도 감사기도가 시작되면 그 삶은 천국이 됩니다.

자녀들이 왜 불행하다고 느낄까요? 부모님이 못 해줘서가 아닙니다. 부모님이 잘해준 것은 당연하다고 생각하고, 부모님이 못 해준 것만 생각하기 때문입니다. 사랑을 많이 받은 사람보다 사랑받고 있다고 느낀 사람이 행복합니다. 아무리 사랑을 많이 받아도 사랑받고 있다고 느끼지 못하고, 사랑받은 것을 생각하지 않으면 불행하게 삽니다.

하나님의 사랑도 마찬가지입니다. 하나님께서 우리를 사랑하시는 것이 중요하지만, 우리의 삶이 천국이 되는 것은 그 하나님의 사랑에 감사할 때입니다.

만나서 대화하는 1시간 내내 정치인, 목회자, 성도들을 험담하고 불만을 늘어놓는 성도님이 있었습니다. 그 분을 만나고 돌아오는 내내 마음이 무거웠고, 머리가 아파서 두통약까지 먹어야 했습니다. 그런 분들은 이런저런 제안을 해드려도 "안 된다", "어쩔 수 없다"라는 말만 반복합니다. 아무것도 하지 않겠다는 것입니다. 그저 불평하며 시간을 보낼 뿐입니다.

하나님께서 불평하는 사람들을 통해 세상을 바꾸신 적이 있을까요? 불평하는 사람은 자신을 바꾸지 않습니다. 나는 문제없고 다른 사람이 문제라고 생각합니다. 그러나 감사하는 사람은 다릅니다. 감사하는 사람은 자신을 바꿉니다. 더 낮아지고, 더 겸손해집니다. 감사기도로 나를 바꾼 사람이 세상도 바꾸지 않을까요? 지금 내 삶을 천국으로 바꾸는 기도가 감사기도입니다.

감사기도는 염려를 평강으로 바꾼다

몇 년 전, 허리 디스크로 시술을 받고 며칠 집에 누워 있던 적이 있습니다. 허리가 아프니까 일어나 앉아서 밥 먹는 것도 힘들고, 화장실 가는 것도 힘듭니다.

그런데 정작 더 힘든 것은 몸보다 마음이었습니다. 집안일을 도와주지 못하니까 아내에게 미안하고, 안아달라는 아들을 안아주지 못하니까 미안하고, 저의 빈자리를 대신해서 사역해야 하는 교역자들에게도 미안하고…. 어디를 둘러봐도 너무 미안한 것투성이였습니다.

저는 출근을 못 하고 집에 있어야 하는 분들이 어떤 마음인지 압니다. 집에 있다고 뭐라고 하는 사람은 없지만, 집에 있다는 것만으로도 눈치가 보이고 미안해집니다.

그러다 보니까 마음속에서 '나는 왜 이럴까, 왜 나는 관리를 잘하지 못했나, 왜 우리 부모님은 나를 이렇게 약하게 낳으셨나' 하고 이런저런 원망과 불평이 올라왔습니다.

그렇게 누운 채 생각의 씨름을 하고 있는데 주님께서 제게 "재기야, 이제 그런 생각 그만하고 그냥 감사해"라고 하시면서 빌립보서 4장 6절 말씀을 생각나게 하셨습니다.

아무것도 염려하지 말고 다만 모든 일에 기도와 간구로, 너희 구할 것을 감사함으로 하나님께 아뢰라

'감사기도를 하라고?'

지금 아파서 꼼짝도 못 하고 누워 있는 처지에 뭘 감사할 수 있겠습니까. 그래도 주님이 감사하라고 하시니까 순종하여 억지로 "주님, 감사합니다" 했습니다. 그런데 그 말 한마디 간신히

하고 나니 머리가 텅 빈 것처럼 아무 생각이 안 났습니다.

뭘 감사해야 할지를 몰라 멍하니 있는데 문득 미안했던 아내가 생각났습니다. 그래서 "본인도 힘든데 내색도 하지 않고 잘 돌봐주는 착한 아내 만나게 해주셔서 감사합니다"라고 기도했습니다.

또 한참을 생각하다 보니 온몸 여기저기 다 아픈 것이 아니라 허리 한 군데만 아픈 것도 다행이라는 생각이 들어 그것도 감사했습니다. 그러자 치료받을 수 없으면 더 힘들었을 텐데, 그래도 치료받을 수 있어서 다행이라는 생각이 들어서 그것도 감사했습니다.

그렇게 감사기도를 하다 보니까 감사할 것들이 더 생각나고, 이제껏 미안함과 자책과 원망으로 꽉 찼던 마음이 어느새 평안해졌습니다.

그리하면 모든 지각에 뛰어난 하나님의 평강이 그리스도 예수 안에서 너희 마음과 생각을 지키시리라 빌 4:7

하나님께 감사할 때 사람의 머리로는 이해할 수 없는 하나님의 평강이 모든 염려에서 우리를 지켜줍니다. 그런데 염려가 마음을 가득 채우고 있을 때 감사할 수 있을까요? 쉽지 않습니다. 그래서 감사를 명령하신 것입니다. 감사가 쉽다면 굳이 명령할 필요가 없습니다. 명령하셨다는 것은 어렵다는 것이지요. 그런데 하면 유익하다는 것입니다.

우리나라의 행복 지수가 OECD 38개국 중 35위이고 자살률은 압도적 1위라고 합니다. 우리는 지금 행복을 잃어버린 불안장애 사회를 살아가고 있습니다. 불안해서 잠을 못 자고, 정신적으로 힘들어하는 분이 참 많습니다. 앞이 막막하고, 끝까지 살아낼 자신이 없다고 합니다. 혼자만 뒤처진 것 같고, 당장이라도 어둠이 자신을 집어삼킬 것만 같다고 합니다.

이 불안을 잠재울 강력한 해결책이 바로 감사기도입니다. 감사기도를 드리면 모든 지각에 뛰어난 하나님께서 그 마음에 평안을 허락하십니다. 감사기도는 마음의 모든 염려를 해독하는 강력한 해독제입니다.

염려할 일이 많고 불안할수록 더욱 감사기도에 힘쓰고 열심을 내야 합니다. 불안을 조장하는 온갖 부정적인 소식에 귀를 닫고 감사기도를 시작할 때 살아야 할 이유를 찾게 되고 살 힘을 얻게 됩니다. 모든 염려가 평강으로 변화됩니다.

감사는 표현하는 것이다

누가복음 17장에서 예수님이 열 명의 나병환자를 고쳐주셨는데 다 그냥 가고 한 사람만 돌아와 예수님에게 감사를 드립니다. 나병은 한센씨 병과 같은 고질적인 피부병인데, 고치기 어렵다는 점이나 병에 걸렸을 때의 충격 등을 요즘에 비교하자면 암과도 같은 병입니다.

암으로 투병하다가 그 암이 치료되면 얼마나 기쁘고 감사한 일입니까. 그럼 감사하는 게 너무 당연한데 감사한 사람이 1명밖에 없었습니다. 10명 중 절대다수인 9명은 감사하지 않았습니다. 감사하는 마음 자체가 없지는 않았을 것입니다. 감사하는 마음은 모두에게 있었겠지만, 돌아와서 구체적으로 감사를 표현한 사람은 1명밖에 없었습니다.

예수님은 "감사하는 마음을 가져라"라고 하지 않으시고 "감사하라"라고 말씀하셨습니다. 감사는 느끼고만 있는 것이 아니라 '하는' 것입니다. 구체적으로 표현하는 것이 진짜 감사입니다.

당신은 감사한 마음을 품고 그냥 자기 길을 가는 9명과 되돌아와서 감사를 표현하는 1명 중 어느 편에 속합니까?

암이 치유되듯, 목사님의 말씀과 사랑을 통해 마음과 영혼이 치유되는 경험이 있을 것입니다. 감사함을 느꼈을 때 그 감사를 표현해보셨나요?

감사는 하는 것입니다. 부모님, 배우자, 목자, 소그룹 리더, 교회학교 선생님 등 감사한 분들에게 구체적으로 감사를 표현해야 합니다. 눈에 보이는 사람에게도 감사를 표하지 않는다면, 보이지 않는 하나님께 어떻게 감사할 수 있겠습니까?

치유 받고 돌아와서 감사드린 그 사람에게 예수님은 "일어나 가라. 네 믿음이 너를 구원하였느니라"(눅 17:19)라고 말씀하셨습니다. 그는 "예수님, 제가 예수님을 믿어요"라고 말한 적이 없습니다. 그가 한 거라곤 "주님, 고쳐주셔서 감사해요"라고 인사한 것밖에 없는데 예수님은 그것을 '믿음'으로 보시고 "네가 구원받았다"라고 말씀하셨습니다.

뒤집어 살펴보면, 그냥 가버린 9명은 치유는 받았지만 '설마 이게 정말 예수님이 고쳐주신 거겠어? 어쩌다 그렇게 된 거지' 이렇게 생각했다는 것입니다. 하지만 이 사람은 정말 이 기적 같은 일을 우연히 일어난 것으로 여기지 않고, 예수님이 고쳐주셨다고 믿은 것입니다. 그래서 돌아와서 감사한 것이지요.

질병을 고쳐주셔서 감사하다고 한 이 사람은 영혼까지 구원받게 되었습니다. 병이 나은 것도 감사한 일이지만 영혼이 구원받은 것은 그것과 비교할 수 없이 큰 은혜 아닙니까.

감사기도는 더 큰 감사를 불러온다

퓰리처상을 수상한 미국의 작가 알렉스 헤일리는 "작은 감사가 큰 감사를 낳는다"라고 말했습니다. 감사는 더 큰 감사를 불러옵니다. 하나님의 은혜를 한 번으로 끝내는 사람이 있고, 이 은혜가 꼬리를 물고 계속 이어지게 하는 사람이 있습니다. 그 차이는 바로 '감사'에 있습니다.

"감사할 일이 있어야 감사하죠!"

이렇게 말할 사람들이 분명히 있을 것입니다. 그 말도 맞는데, "감사하면 감사할 일이 생긴다"라는 말도 맞습니다. 감사할 일이 생길 때까지 기다리는 사람이 있고, 감사할 일을 끌어당기는 사람이 있습니다. 당신은 감사할 일이 생기기를 기다리는 사람인가요, 감사할 일을 끌어오는 사람인가요?

내 삶에 일어난 일들을 당연하게 여기며 앞을 향해 정신없이 달려가지만 말고 가던 걸음을 잠시 멈춰봅시다. 주님께 돌아와 주신 은혜를 기억하며 감사합시다.

"주님, 오늘도 살아있음에 감사합니다. 시원한 물 한 모금에도 감사합니다. 글을 읽을 수 있어서 감사합니다. 커피 한 잔의 여유를 주심에 감사합니다."

물 한 모금에 감사할 때 주님께서 일용할 양식을 허락하시고,

오늘 하루를 감사할 때 영원한 삶을 약속해주십니다. 주님은 우리가 드린 작은 감사기도를 하나도 빠짐없이 기록하시고 영원히 기억하십니다. 그리고 당신을 위해 더 큰 축복을 준비하실 것입니다. 생각지 못한 은혜가 따라오고 생각할 수 없는 기적이 일어날 것입니다. 감사기도는 더 큰 감사를 불러옵니다.

어떻게 감사기도를 드릴까

하나님의 선하심을 신뢰하라

감사를 해야 하는 것도 알고 감사하면 감사할 일이 생긴다는 것
도 알지만 그래도 감사가 나오지 않을 수 있습니다. 상황과 환경
이 너무 어려워서 사면이 막힌 듯 막막하고 마음이 눌릴 때 특히
그렇습니다.

"아이가 학교에 적응을 못 하고 있는데 어떻게 감사해요."

"지금 취직을 못 하고 있는데 어떻게 감사해요."

"승진이 안 되는데 어떻게 감사해요."

"결혼을 못 하고 있는데 어떻게 감사해요."

"병원에서 안 좋은 소식을 들었는데 어떻게 감사해요."

이렇게 말할 수 있습니다. 당신도 이런 말 한 번쯤은 해봤거
나, 마음에 품어봤을지도 모릅니다.

다윗은 감사할 거리가 전혀 없었던 사람입니다. 아버지에게 차별받고, 형들에게 무시당했습니다. 자기는 왕을 위해서 최선을 다해 싸웠는데 사람들이 부른 노래 때문에 10년이 넘도록 사울 왕에게 쫓겨 광야를 떠돌고, 가장 친한 친구는 전쟁터에서 전사했습니다.

간신히 왕이 되었더니 아내는 자기를 업신여기고, 신하는 자기를 무시했습니다. 자기 아들 암논이 이복 누이인 딸 다말을 강간하고, 그 암논을 압살롬이 죽이는 사건의 연속이더니 압살롬이 아버지인 자기를 죽이겠다고 군대를 끌고 쳐들어왔습니다. 그리고 그 아들마저 자기보다 먼저 죽었습니다.

이런 상황에 감사할 수 있겠습니까? 이 중에 몇 가지만 당해도 정말 힘들 텐데 이 모든 것이 한 사람에게 일어난 일입니다. 감사할 수 없을 뿐만 아니라 우울증에 걸려도 전혀 이상하지 않을 상황입니다. 그런데 다윗은 그렇게 말도 안 되는 상황에서 수없이 감사의 기도를 드립니다.

내가 전심으로 여호와께 감사하오며 주의 모든 기이한 일들을 전하리이다 시 9:1

다윗이 전심으로 감사하다고 합니다. 주님이 행하신 놀라운 일들을 전하겠다고 합니다. 말도 안 되는 고백입니다. 도대체 어떻게 이렇게 감사할 수 있었을까요? 상황에 대한 감사, 능력에 대한 감사를 넘어서서 하나님의 선하심을 믿었기 때문입니다. 그는 늘 하나님의 선하심을 믿음으로 고백했습니다.

> 여호와께 감사하라 그는 선하시며 그의 인자하심이 영원함이로다 시 118:1

상황이 좋아졌다면 당연히 감사해야 합니다. 층간소음 때문에 힘들어서 기도했는데 시끄럽던 윗집이 이사 갔다면 감사할 일이지요. 그런데 새로 이사 온 집이 2배는 더 시끄럽다면? 바로 감사가 사라져버릴 것입니다. 상황에 대한 감사는 상황만 바뀌면 이내 사라집니다.

주신 능력에도 감사해야 합니다. 열심히 노력해서 어려운 특목고에 합격했다면 감사해야죠. 그런데 입학하고 보니 전국에서 날고 기는 학생들이 다 이 학교에 와서 내 성적은 하위권이 되었다면 감사는 곧 사라집니다. 능력에 대한 감사는 능력을 잃으면 사라지고 맙니다.

그러나 하나님의 선하심을 믿는 감사는 상황이 어떻게 변하든, 내 능력이 어떻게 되든 상관없이 계속 감사할 수 있습니다. '하나님은 선하시다!' 다윗에게는 이 믿음이 있었습니다.

내 힘으로 어찌할 수 없는 고난이 찾아왔지만 어느 순간 모든 것이 제자리로 돌아온 경험이 있을 것입니다. 그것이 바로 하나님의 선하심입니다. 다윗은 부모조차 인정해주지 않던 자신을 주목해주시고, 죽음이 턱밑까지 찾아왔으나 한순간에 상황을 역전시켜 주시고, 다 끝난 것 같을 때 다시 한번 기회를 주신 하나님의 선하심을 경험했기에 이렇게 노래한 것입니다.

내 평생에 선하심과 인자하심이 반드시 나를 따르리니 시 23:6

그리고 당신에게도 이렇게 도전하고 있습니다.

너희는 여호와의 선하심을 맛보아 알지어다 그에게 피하는 자는 복이 있도다 시 34:8

하나님의 선하심을 신뢰할 때 우리는 어떤 상황에서도 감사 기도를 드릴 수 있습니다.

상황보다 하나님의 선하심을 바라보라

빌립보에 간 바울이 귀신 들려서 점을 치는 여종에게서 귀신을 쫓아내자 여종이 점치는 것을 통해서 돈을 벌던 그 주인들이 바울과 실라를 잡아다 신고했습니다. 바울과 실라는 채찍으로 맞고 감옥에 갇혔습니다. 그런데 그들은 하나님을 원망하지 않았습니다. 오히려 하나님을 찬양했습니다.

> 한밤중에 바울과 실라가 기도하고 하나님을 찬송하매 죄수들이 듣더라 이에 갑자기 큰 지진이 나서 옥터가 움직이고 문이 곧 다 열리며 모든 사람의 매인 것이 다 벗어진지라 행 16:25,26

지금 여기서 어떻게 감사가 나오고 찬양이 나오겠습니까. 기도도 안 나올 상황 아닙니까. 그런데 고난 중에도 감사하자 기적이 일어났습니다. 감옥이 흔들리고 사슬이 풀어졌습니다. 바울과 실라는 어려운 상황을 보는 대신 선하신 하나님을 바라보았기 때문에 감옥에서도 하나님을 찬양할 수 있었던 것입니다.

지금 자신의 삶이 마음에 안 들 수 있습니다. 외모부터 가정, 학교, 직장에 이르기까지 마음에 들지 않는 것투성이일 수 있습니다. 그리고 어떤 좋지 않은 일이 일어났을 수도 있습니다. 갑

자기 사고가 났거나 병에 걸렸을 수도 있고, 어쩌면 다른 사람이 잘못했는데 억울하게 내가 책임을 져야 하는 처지가 되었는지도 모릅니다.

그런 상황에서 어떻게 감사할 수 있을까요? 당연히 쉽지 않습니다. 감사와 찬양은 고사하고 기도도 나오기 힘들 것입니다. 그러나 상황 그 자체가 아니라 하나님의 선하심을 바라보고 신뢰한다면 감사할 수 있습니다.

하나님의 선하심을 바라본다는 것은 구체적으로 어떻게 한다는 것일까요? 어떤 상황에서도 선하신 하나님께서 내 삶을 인도하고 계신다고 믿는 것입니다. 정말 일어나지 않기를 바란 일이라도 하나님께서 보시기에 꼭 필요하기 때문에 허락하셨고, 내가 지금은 이해하지 못하고 알지 못해도 여기에는 하나님의 선한 뜻이 있다고 믿는 것입니다.

내 삶에 부족한 것이 많아도 내게 주신 사명을 이루기 위해 필요한 모든 것을 이미 내게 허락하셨다고 믿는 것입니다. 내 눈에는 다 끝난 것처럼 보여도 하나님께서 이것까지도 사용하셔서 합력하여 선을 이루실 것을 믿는 것입니다.

이 믿음이 있었기에 요셉은 씻을 수 없는 고통을 안겨준 형들에게 "형님들은 나를 해치려고 하였지만, 하나님은 오히려 그것을 선하게 바꾸셔서, 오늘과 같이 수많은 사람의 생명을 구원하셨습니다"(창 50:20 새번역)라고 말할 수 있었습니다.

고난이 나를 압도하는데 주님의 일하심은 보이지 않고 그분의 의도도 알 수 없을 때가 있습니다. 그러나 하나님은 우리가 직면하는 그 어떤 어려움보다 크십니다. 그분이 우리의 유익을 위해 일하십니다. 우리의 좌절을 회복으로, 시험을 간증으로, 시련을 승리로 바꿔주십니다. 문제에 매달리지 말고 그 선하신 하나님을 바라보세요.

내가 평생 감사할 이유

파주에 사는 한 성도님이 제 유튜브 채널에 자신의 이야기를 댓글로 남겨주셨습니다. 이분은 폐암으로 너무 고통스러운 시간을 보내고 있었는데 〈따라 하는 기도〉를 보게 되었고, 기도를 따라 하는 동안 하나님께서 마음에 소망을 주셨다고 합니다.

결국 이분은 이 힘든 시간을 통해서 예수님을 영접했습니다. 그런 이야기를 전하고 사랑하는 남편과 아들과 딸의 구원을 위해 기도해달라고 청하면서 이분이 감사하다고 하셨습니다.

"목사님, 감사해요. 제가 비록 폐암을 통해 하나님을 알게 되었지만, 우상을 섬기고 살던 제가 하나님을 만나게 된 것이 너무 감사해요."

폐암이 걸린 것도 감사하다니, 어떻게 그렇게 고백할 수 있을까요? 선하신 하나님을 보았기 때문입니다. 죄인 된 나를 구원하신 하나님, 나를 위해 아들을 내어주시고 십자가에 달리신 예수님을 진짜 만났기 때문에 죽음 앞에서도 감사할 수 있고, 폐암에 지배받는 것이 아니라 폐암을 다스리는 인생으로 변화된 것입니다.

이분은 오래 예수님을 믿은 분이 아니라 이제 막 예수님을 믿게 된 초신자입니다. 그런데도 나를 구원하신 선하신 주님을 바라보기 시작하자 폐암 중에도 감사하게 되었습니다.

한 아버지가 사랑하는 가족을 위해 늘 고단한 삶을 살아내다 사고로 손가락 2마디를 잃었습니다. 그는 자녀들에게 사랑한다고 말 한마디 살갑게 해준 적 없지만 그 아들은 이런 고백을 합니다. 마음에 불평이 올라오려 할 때면 아버지의 다친 손이 "아들아, 내가 너를 이만큼 사랑해"라고 자신에게 말을 걸어온다고, 그래서 아버지의 다친 손을 바라보면 불평이 사라지고 감사로 바뀐다고요.

우리도 마찬가지입니다. 인생의 불평이 올라올 때 당신을 위해 못 박힌 예수님의 손을 바라보십시오. 십자가에 못 박힌 예수님의 손이 당신에게 말할 것입니다.

"아들아, 딸아, 내가 너를 이만큼 사랑해."

우리 인생의 가장 큰 감사는 하나님의 아들이신 예수님이 작고 연약한 내 인생에 찾아와 나를 구원해주셨다는 사실입니다. 이것 하나만으로도 우리는 평생 감사할 이유가 충분합니다.

하나님의 선하심을 신뢰하십시오. 하나님의 선하심을 바라보십시오. 지금의 형편이 어떠하든, 우리를 위해 십자가 지신 예수님을 바라볼 때 우리는 어떤 상황에서도 감사의 기도를 드릴 수 있습니다.

관점을 바꾸면 감사할 거리는 이미 충분하다

흔히들 모든 상황이 다 좋아야 감사할 수 있다고 생각하는데 그렇지 않습니다. 관점만 바꾸면 지금 당장이라도 감사할 수 있습니다. 앞에서 본 것과 같이, 상황보다 하나님의 선하심을 바라보는 것은 나의 관점을 바꾸는 것입니다.

그리고 이런 관점의 변화도 있습니다. 현재의 부정적인 상황에서 그 부정적인 것만 보는 것이 아니라 숨어 있는 좋은 것, 긍정적인 것, 감사할 것을 찾는 것입니다.

암에 걸렸다가 치료되는 것은 놀라운 기적입니다. 그러면 암에 걸리지 않은 것은 기적이 아닌가요? 죽을 고비를 넘기고 살아난 것도 감사할 일이지만, 죽을 위험을 겪지 않고 살아있다는 것도 감사할 일 아닙니까?

인공호흡기를 끼지 않고 숨을 쉴 수 있는 것, 들을 수 있는 것, 말할 수 있는 것, 음식을 먹을 수 있는 것, 걸을 수 있는 것, 잠을 잘 수 있는 것 등 많은 사람이, 그리고 아마 당신도 일상에서 당연하게 생각하며 누리는 것들이 누군가에게는 간절한 기도 제목입니다.

어쩌면 이 중에 당신의 기도 제목도 있을지 모릅니다. 그렇다 해도 이것 전부가 기도 제목인 건 아닐 것입니다. 모두들 삶이 힘들고 어렵다고 말하곤 하지만, 정말 다 나쁘고 힘들고 어렵기만 한가요? 관점을 바꾸어 생각해보면 우리에게는 이미 감사할 거리가 충분합니다.

우리는 부족한 면이나 잘못된 면에 집착하기 쉽습니다. 그래서 의도적으로 좋은 면을 생각해야 합니다.

아이가 학교에 잘 적응하지 못하고 있어도 부모와 사이가 좋아서 그런 이야기를 나눌 수 있다면 감사한 일입니다. 취직은 못 했어도 건강하다면 감사하고, 승진은 못 했어도 아내의 사랑을 받고 있으니 감사하며, 아직 짝을 찾지 못했지만 일할 수 있다면 그 역시 감사한 일입니다.

저 또한 아파서 누워 있고 미안한 생각밖에 들지 않을 때, 억지로 "감사합니다"라고 말해놓고도 감사 제목이 아무것도 생각나지 않을 때, 제게 그렇게 감사할 것이 많은지 처음에는 몰랐습니다. 내가 당연하게 여기고, 우연이라 생각한 그 모든 것이 하나님의 앞선 보살핌이었고 보호였고 은혜였습니다.

감사는 조건의 문제라기보다 관점의 문제입니다. 무엇을 보느냐가 중요합니다. 아무리 아름다운 장미꽃을 선물해도 가시만 보는 사람이 있습니다.

감사할 일과 불평할 일이 따로 있지 않습니다. 감사하는 사람과 불평하는 사람만 있습니다. 관점을 바꾸고 시선을 조금만 돌리면 아무리 힘든 상황에 있어도 언제든지 감사할 것을 찾을 수 있습니다.

관점이 바뀌면 상황의 한계를 넘어선다

'로봇 다리'로 알려진 김세진 형제는 선천성 무형성 장애로 두 다리와 오른손에 장애를 안고 태어났습니다. 부모에게마저 버림받고 보육시설에서 자라고 있을 때, 봉사를 오신 양정숙 씨가 그를 입양해 엄마가 되어주셨습니다.

세진 형제는 어릴 때 하도 친구들이 자기를 '피노키오'라고 놀리고, 사람들이 자기에 대해 "쟤 좀 봐. 엄마 말도 안 듣고 착하게 안 살아서 다리도 없이 저렇게 불쌍하게 사는 거야"라는 이야기를 해서 매일 밤 울며 "하나님, 저 착하게 살 거예요. 엄마 말 잘 들을 거예요. 그러니 사람이 되게 해주세요. 하나님, 저도 사람이 되고 싶어요"라고 기도했다고 합니다. 사람 취급도 제대로 받지 못했다는 것이지요.

세진 형제는 4세 때부터 뼈를 깎는 고통스러운 수술을 6번이나 받았습니다. 처음 의족을 했을 때는 송곳으로 생살을 찌르는 것처럼 너무 아팠지만, 그때 잠깐 바라본 세상이 너무 좋아서 그 세상을 보기 위해 이를 악물고 연습했고, 결국 로봇 다리를 하고 일어서서 걸을 수 있게 되었다고 합니다.

수술보다 더 힘든 것은 재활 운동이었습니다. 엄마와 함께 타이어를 메고 모래사장을 걷고, 산을 기어올랐습니다. 엄마는 매일 거실에 이불을 깔고 세진 형제를 앞뒤 좌우로 넘어뜨렸습니다. 그리고 일어나다 일어나다 힘들어 우는 아들에게 이런 말을 해주었다고 합니다.

"세진아, 걷는 것이 중요하지 않아. 네가 걷다가 넘어졌을 때 다시 일어날 줄 아는 것이 중요해. 혹시 일어나지 못할 경우, 누군가에게 손을 내밀 줄 아는 것도 용기 있는 사람이야."

세진 형제가 너무 힘들어서 나는 왜 이렇게 태어났냐고 울며 따져 물었을 때는 이렇게 대답해주었다고 합니다.

"네 몸을 이루는 수천만 가지 중에 너에게 없는 것은 두 다리와 오른손뿐이야. 네가 어떻게 생겼는지 엄마에게는 중요하지 않아. 네가 어떻게 살아갈지, 누구와 함께 어디로 갈 것인지가 더 중요해."

아들이 세상을 바라보는 관점을 바꿔준 것입니다. 자신에게 없는 두 다리와 팔이 아니라 전능하신 하나님과 그분이 베푸신 수많은 은혜를 보게 한 것입니다.

세진 형제는 수영 선수가 되어 120개의 금메달을 포함해 150개가 넘는 메달을 땄습니다. 그러나 그의 꿈은 올림픽에서 금메달 하나를 더 따는 것이 아닙니다. 자신처럼 장애가 있는 친구들에게 희망을 전하고, 절망한 사람들에게 용기를 주는 하나님의 사람이 되는 것이 그의 비전입니다.

그는 인도네시아의 한 섬에 사는 '넬디'라는 형제를 후원하고 있습니다. 넬디는 오토바이 사고로 오른쪽 다리를 잃었는데, 세진 형제를 만나 용기를 얻고, 자신보다 더 아픈 아이들을 치료하는 의사가 되는 꿈을 꾸게 되었습니다.

자기 인생도 책임지기 힘든 사람이 하나님 앞에 감사하기 시작하자 다른 사람을 돕는 인생으로 바뀌었습니다. 하나님께 감사함으로 장애에 지배받지 않고 장애를 이긴 이 형제를 보면서 하나님께서 얼마나 감동하실까요.

마치 팔다리가 없는 것처럼 느껴지는 부분이 누구에게나 있습니다. 그것이 외모일 수도 있고, 성격, 건강, 재능, 배우자, 자녀일 수 있습니다. 그것이 내 삶을 흔들어 대기도 하고 쓰러뜨리기도 합니다. 그러나 그럴 때마다 고개를 돌려 이미 내게 주신 수천만 가지 은혜를 바라봅시다.

아무리 절망적인 상황에서도 고개만 살짝 돌리면 우리는 감사할 것을 찾을 수 있습니다. 감사의 기도를 시작하면 상상할 수 없는 하나님의 은혜가 부어지고, 자신의 한계를 넘어서는 삶을 살게 됩니다. 저는 당신이 감사기도로 하나님을 감동시키는 기도의 사람이 되기를 축복합니다.

감사는 조건보다 태도에 달렸다

감사는 조건보다는 관점의 문제이고, 또한 태도의 문제입니다. 태도란 어떤 일이나 상황에 대한 우리의 반응을 말합니다. 하버드대학 심리학과 윌리엄 제임스 교수는 "우리 시대의 가장 훌륭한 혁명은 내면의 정신적인 태도를 바꿈으로써 우리 삶의 외부를 바꿀 수 있다는 사실을 발견한 것"이라고 말했습니다. 태도가 바뀌면 내 삶과 상황까지 바뀔 수 있다는 것입니다.

다니엘은 정말 불행한 시대를 살았습니다. 기원전 586년경 예루살렘이 함락되고 유대 성전이 파괴되었습니다. 바벨론의 느부갓네살 왕이 유다를 정복하고, 많은 사람을 포로로 끌고 갔습니다. 이때 포로로 끌려간 다니엘은 나라도 빼앗기고 이름마저 빼앗깁니다. 모든 것이 절망스러운 상황인데 그는 하나님을 원망하거나 불평하지 않습니다. 위기 앞에서 오히려 하나님께 감사의 기도를 드립니다.

세월이 흘러 메대 사람 다리오가 새 왕이 되었습니다. 다니엘은 왕의 총애를 받아 메대와 페르시아 왕국을 다스리는 세 명의 총리 중 하나로 임명되었는데, 왕은 다른 총리들과 비교되지 않을 정도로 능력이 뛰어난 다니엘에게 왕국 전체를 맡기려고 합니다. 그러자 이를 시기한 다른 총리와 장관들이 모여 다니엘을 제거하려 합니다.

다니엘의 치부를 찾아내려 했으나 찾지 못한 그들은 음모를 꾸미며 왕에게 새로운 칙령을 내리게 합니다. 앞으로 30일 동안 왕 외에 다른 어떤 신에게도 기도해서는 안 되고, 이를 어기면 사자 굴에 던진다는 내용이었습니다. 다니엘을 겨냥한 것이었지만 이를 알지 못한 왕은 그들의 감언이설에 넘어가 조서에 도장을 찍고 맙니다.

> 다니엘이 이 조서에 왕의 도장이 찍힌 것을 알고도 자기 집에 돌아가서는 윗방에 올라가 예루살렘으로 향한 창문을 열고 전에 하던 대로 하루 세 번씩 무릎을 꿇고 기도하며 그의 하나님께 감사하였더라 단 6:10

하나님을 예배하면 사자 굴에 들어간다는 왕의 조서가 내려진 것을 알고도 다니엘이 하나님께 감사의 기도를 드립니다. 그는 상황을 보며 감사할지 말지 결정하지 않고, 늘 하던 대로 감사드렸습니다. 이렇게 하면 자신이 죽을 것을 알지만, 어떤 상황도 하나님께서 선하게 역사하실 것과 비록 사자 굴에 들어갈지라도 그것까지도 사용하셔서 놀랍게 일하실 것을 믿었습니다.

우리도 지금 눈에 보이는 변화가 전혀 없을지라도 이미 하나님의 시간 안에서 주님께서 일하기 시작하셨다고 믿고 먼저 감사의 기도를 드려봅시다. 현재 상황이 어떻든 상관없습니다. 그곳이 감옥이든, 사자 굴이든, 광야든 어디든 감사기도를 드릴 때 하나님께서 그곳에 임재하시고 기적을 일으키십니다.

그런데 다니엘은 어떻게 이런 상황에서도 감사기도를 드릴 수 있었을까요?

감사에도 훈련이 필요하다

6장 10절에서 "전에 하던 대로"라고 했습니다. 다니엘에게 감사기도는 습관이었습니다. 어느 날 이런 일이 생기니까 감사기도를 해볼까 한 것이 아니라, 평소에 감사기도가 훈련되어 있었습니다.

감사기도는 저절로 되지 않습니다. 타고나는 것이 아닙니다. 매일 꾸준히 연습하고 훈련해야 합니다. 이 세상은 수없이 많은 부정적인 뉴스를 쏟아내며 우리의 감사 생활을 방해합니다. 그러므로 감사기도는 더욱더 힘써 훈련해야 합니다.

영어를 잘하는 친구에게 "나도 영어 공부를 더 열심히 해야 하는데"라고 했더니 영어는 공부하는 것이 아니라 훈련하는 것이고, 툭 치면 나도 모르게 무의식적으로 튀어나오도록 매일 꾸준히 연습해야 한다고 말해준 기억이 납니다. 감사도 마찬가지입니다. 툭 치면 나도 모르게 감사가 나올 정도로 매일 꾸준히 연습해야 합니다.

영어에서 '감사하다'라는 단어 'thank'는 '고마움을 전하다'라는 뜻의 고대 영어 'pancian'에서 비롯됐는데, 이 'pancian'의 어근인 'panc'는 'think'(생각하다)의 어원입니다. 그러므로 'thank'와 'think'는 뿌리가 같습니다. 이것은 생각할 때 감사할 수 있다는 것입니다. 내게 무엇이 없고 내가 무엇을 못하는지 부족함을 느끼는 것은 굳이 생각하지 않아도 저절로 됩니다. 그러나 감사는 의지를 갖고 생각해야 할 수 있습니다.

당신은 언제 감사기도를 드리겠습니까? 아침도 좋고, 저녁도 좋습니다. 하루 한 번, 5분이면 충분합니다. 매일 꾸준히 시간을 정해서 감사기도를 드려보세요. 완벽하지 않아도 괜찮습니다. 완벽하게 하는 것보다 중요한 것은 꾸준히 하는 것입니다. 하루를 시작하는 아침에 감사기도를 드리면 하루의 분위기가 달라지고, 하루를 마무리하는 저녁에 감사기도를 드리면 하루의 의미가 달라질 것입니다.

저는 아침에 일어나면 의도적으로 '주님, 감사합니다'를 100번 이상 말이나 생각으로 외칩니다. 가족들이 듣도록 소리 내서 말하기도 하고, 속으로 생각하기도 합니다. 샤워하면서도 하고, 옷 입으면서도 합니다. 계속 "주님, 감사합니다"라고 말하거나 생각하기를 스스로 훈련합니다.

가족들과 저녁 식사할 때는 하나님께 감사한 것을 3가지씩 나눕니다. 감사를 하나 나눌 때마다 마지막은 다 함께 "주님, 감사합니다"라고 고백합니다. 한 사람씩 돌아가며 감사를 나누다 보면 무심코 지나치게 될 하나님의 은혜가 더 특별하게 다가오고 평범했던 하루가 축복받은 날이 됩니다.

사역하면서 팀원들과 많은 기도를 하지만 모든 모임은 언제나 감사기도로 마칩니다. 하나님께서 하셨다고 인정하는 것을 훈련하는 것입니다.

감사가 습관이 되도록 훈련하라

한 개척교회 목사님은 청소년 시절 교회에서 목사님과 집사님들의 사랑을 받으면서 하나님의 사랑을 알게 되었는데, 그때 부장 집사님이 365일 24시간 약국을 운영하는 것으로 유명한 부

천 바른손약국의 김유곤 약사였다고 합니다. 밤새 일해도 수입은 얼마 되지 않지만 돈 때문이 아니라 한밤중이나 새벽에 급하게 약이 필요한 사람들을 위해서 밤새 약국을 지키는 분입니다. 그 집사님이 한번은 고등학생이던 이 목사님에게 이렇게 권면하셨습니다.

"주일에 헌금할 때 그냥 헌금하지 말고, 감사헌금을 하렴. 오백 원을 하든 천 원을 하든 상관 없단다. 감사헌금 봉투에 넣어서 하면 봉투에 감사 제목을 쓸 수 있는데 그러면 매번 한 주를 돌아보며 감사했던 일을 찾을 수 있어."

그 이후로 이 목사님은 20년이 넘도록 매주 그렇게 감사헌금을 드렸습니다. 많이 준비해서 드린 날도 있지만 재정이 부족해 오백 원, 천 원을 넣어서 드린 적도 많은데, 액수에 상관없이 주일마다 한 주의 삶을 돌아보며 감사기도 드리는 시간을 가졌습니다. 그리고 제게 이렇게 말했습니다.

"목사님, 매주 감사헌금을 드리면서 제가 얻은 유익이 얼마나 큰지 몰라요. 하나님께 드린 모든 헌금을 다 합쳐도 제가 주님께 받은 은혜에 비할 수 없어요. 아직 예배를 드리지도 않았는데 헌금 봉투에 감사제목을 적다가 은혜를 받아서 계속 눈물이 난 적도 있고, 어떤 날은 헌금 봉투에 적을 감사가 있다는 것 자체만으로도 너무 감사하더라고요."

　이분의 삶이 얼마나 행복할까요. 사고 싶은 것을 못 사고, 가고 싶은 곳에 못 가고, 갖고 싶은 것을 못 갖는 삶보다 정말 불쌍하고 슬픈 삶은 감사기도가 끊어진 삶입니다. 라이피 곱스라는 법학자는 이렇게 말했습니다.

　"감사할 줄 모르는 사람을 벌하는 법은 없다. 감사할 줄 모르는 삶 자체가 벌이기 때문이다."

　삶은 감사를 잃을 때 지옥이 되고, 감사할 때 천국이 됩니다. 21일은 우리 몸에 새로운 행동이 습관으로 자리잡는 데 걸리는 최소한의 시간이라고 합니다. 이 책을 통해 21일간 감사기도를 연습하고 훈련해서, 감사가 습관이 되고 감사기도가 몸에 배게 되기를 축복합니다.

따라 하는
감사기도

하나님께 드리는 감사기도

하나님

사랑하는 주님,
주님의 손으로 저를 지으시고
저를 향한 분명한 목적과
놀라운 계획을 이루어 가시니
감사합니다.

저를 위해
예수님을 이 땅에 보내주시고,
저의 모든 죄를 용서하고
자녀 삼아주시니
감사합니다.

세월이 지나도 변함없이 사랑하시고
여전히 자비로운 눈빛으로 바라보시고
언제나 은혜로 감싸 안아주시니
감사합니다.

죽음의 골짜기를 지날 때
저의 손을 잡아주시고
길을 잃고 방황할 때마다
저의 걸음을 인도해주셔서
감사합니다.

외로워하는 제게 다가와
사랑한다고 속삭여주시고
힘들어 지칠 때마다
제 곁에 함께하시며

"많이 힘들지….
나도 아픔을 겪어봐서
네 마음을 다 안단다"라며 위로하시고

포기하려 할 때마다
"괜찮아, 잘하고 있어"
응원해주셔서 감사합니다.

아무도 없다고 느낄 때
저를 둘러싸고 있는
수많은 천군 천사를 보여주시고

두려워 주저앉을 때
"잠시 쉬어가도 괜찮아" 하시며
기다려주시니 감사합니다.

깊은 웅덩이와 수렁에서 건져주시고
다 끝난 것 같은 순간
다시 일어설 힘을 주시고
질병으로 고통받을 때
치료의 능력을 베풀어주셔서
감사합니다.

주님,
상황을 뛰어넘는 평안을 얻게 하시고
조건을 넘어서는 기쁨을 누리게 하시니
감사합니다.

주님을 예배하는 감격을 누리게 하시고
주님의 임재 안에 살게 하시니
감사합니다.

저의 작은 기도에 귀 기울여주시고
응답하겠다 약속해주시고
주님의 음성을 들려주시니
감사합니다.

말씀을 읽고 묵상하고
말씀으로 위로받고
도전받게 하시니
감사합니다.

믿음의 강한 능력을 알게 하시고
섬김의 기쁨을 맛보게 하셔서
감사합니다.

저를 위해 영원한 천국을 예비하시고
세상 끝날 다시 오겠다 약속하시며
천국의 소망을 품게 하시니
감사합니다.

주님,
제게 사랑하는 가족과 친구를 허락하셔서
감사합니다.

믿음의 형제자매들과
아름다운 교제를 나누게 하시고
영적인 리더를 만나는 복을 주시고
낯선 사람들에게까지
따뜻하고 친절한 호의를 받게 하시니
감사합니다.

날마다 일용할 양식을 허락하시고
때마다 필요를 채워주시며
하루하루 기적을 맛보게 해주셔서
감사합니다.

주님을 섬길 수 있는 건강을 주시고
복음을 전할 기회를 주시고
인생에 다양한 경험을 하도록 허락하시니
감사합니다.

주님,
저는 복 받은 사람입니다.
제가 가지고 있고 누리고 있는
모든 것이 주님의 은혜입니다.
주님, 감사합니다.

감사의 이유가 되시는
예수님의 이름으로 기도드립니다.
아멘.

믿음을 주심에 감사하는 기도

사랑하는 주님,

제게 믿음을 주셔서

감사합니다.

주님,

작고 연약한 제가

크신 하나님을 안다는 것은

무엇과도 바꿀 수 없는 은혜입니다.

선하신 주님께서 죄인 된 저를

아무 조건 없이 사랑하셨다는

믿을 수 없는 이야기를 믿게 된 것은

하나님의 은혜입니다.

상처 많은 제가
누군가를 치유하며 산다는 것은
하나님을 떠나서는 생각조차
할 수 없는 일입니다.

저처럼 이기적인 사람이
다른 누군가를 위해 산다는 것은
믿음 외에는 설명할 길이 없습니다.

주님,
저를 끝까지 찾아내시고
찾아와 주셔서 감사합니다.
주님 덕분에
제가 살아야 할 이유를 찾았습니다.

선하신 주님께서
제 삶의 인도자가 되어주시고

인생의 중요한 순간마다
가장 좋은 길로 인도하시고
저의 실수와 잘못된 선택까지도
주님의 뜻을 이루는 데 사용해주시니
감사합니다.

큰일 났다고 걱정할 때마다
하나님이 더 크다는 것을 알게 하시고
믿음이 흔들릴 때마다
믿을 수밖에 없는 증거를 보게 하시고
넘어지려 할 때마다
넘어서게 하시니 감사합니다.

주님,
제가 죄인이어도
주님께 담대히 나올 수 있는 이유는
주님께서 용서하고 다 잊으셨다는
믿음 때문입니다.

저의 능력이 부족해도
최선을 다한 이유는
저의 능력과 상관없이
주님의 계획이 이루어진다는
믿음 때문입니다.

제 뜻대로 되지 않아도
포기하지 않는 이유는
주님의 뜻이 이루어지고 있다는
믿음 때문입니다.

기도에 응답이 없어도
계속 기도하는 이유는
주님의 때가 가장 좋다는
믿음 때문입니다.

주님,
제게 주님을 믿는 믿음을 주셔서 감사합니다.

날마다 주님을 향한
믿음이 자라나게 하시고
믿음의 기적을 보게 하시고
믿음의 열매를 맺게 하시니
감사합니다.

주님,
여전히 해결되지 못한 상처가 있고
넘어지고 흔들리기도 하지만
아픈 상처 덕분에 주님을 찾았고
넘어진 덕분에 기도할 수 있었고
흔들린 덕분에 믿음이 더 단단해졌습니다.

주님,
살다가 너무 힘들 때는
잠시 쉬었다 갈 수 있는 믿음을 주시고
한 치 앞도 보이지 않을 때는
주님을 바라보는 믿음을 주시고

모든 것을 잃게 될 때는
하나님 안에 모든 것이 있다는
믿음을 주시옵소서.

기도할 때는
구하는 것보다 더 좋은 것을 주신다는
믿음을 주시고

문이 닫힐 때는
새로운 문이 열린다는
믿음을 주시옵소서.

이 큰 우주에
혼자 버려진 것처럼 느껴질 때는
주님께서 꼭 안고 계신다는
믿음을 주시고

혹시 제 믿음이 흔들릴 때는
십자가의 사랑이 생각나게 하시고

베풀어주신 은혜가 기억나게 하시고
제 믿음을 위해 기도하시는
주님의 기도 소리를 들려주시옵소서.

어떤 상황에도 믿음을 잃지 않게 하시고
끝까지 믿음의 길을 걷게 해주시옵소서.

주님,
제게 믿음의 큰 복을 주셔서 감사합니다.

믿음의 근거와 이유가 되시는
예수님의 이름으로 기도드립니다.
아멘.

회망

희망을 주심에 감사하는 기도

주님,

눈앞의 상황이 절망적입니다.

열심히 노력하지만,

여전히 죄에 넘어지고

오랫동안 꿈꿔왔던 일들이 물거품이 되고

의사는 이제 할 수 있는 것이 없다고 말하고

투자자들은 더 이상 가능성이 없다고 하고

가정은 회복될 기미가 보이지 않습니다.

전문가들은 너무 늦었다고,

불가능하다고, 다 끝났다고 말하지만

일을 행하시는 여호와

한번 세운 계획은 반드시 이루시는 주님께서

완벽한 계획을 세우고 저를 인도해 가시기에

저는 오늘도 소망을 품습니다.

원수가 공격하고

방법이 보이지 않고

주변에서 부정적으로 말해도

저는 낙심하지 않습니다.

절망하지 않습니다.

포기하지 않습니다.

상황은 저를 막아서지만

주님께서 제게 은혜의 바람을 불어주시고

온 우주의 최종 결정권자인

주님께서 제 편이기에

제 삶은 주님의 계획대로 되고

주님의 말씀대로 됩니다.

그러기에
상황이 안 좋게 흘러가도
저는 기뻐할 것입니다.
마음에 불평이 있어도
입술로는 감사하겠습니다.

다 그만두고 싶고 포기하고 싶어도
멈추지 않고
한 걸음 더 나아가겠습니다.

저도 어디에서부터
뭘 어떻게 해야 할지 모르지만
선하신 주님을 신뢰하며
더욱더 감사하겠습니다.

영원할 것 같은 이 순간도
결국에는 지나가고,
다 끝난 것 같아 보여도
이제 시작임을 믿습니다.

열심히 기도했지만
아무 일도 일어나지 않고
어떤 방법도 떠오르지 않고
시간만 낭비한 것처럼 느껴져도

그래도 주님의 계획은 반드시 이루어지고
기적은 일어나기에
오늘도 희망을 품고 기도합니다.

주님께 불가능한 일이 어디 있으며
못 할 일이 어디 있겠습니까.
주님께는 모든 일이
쉬운 일이고 작은 일입니다.
아무리 크고 불가능해 보이는 일도
주님은 한순간에 이루십니다.

온 우주 만물을 창조하고
해달별을 멈춰 세우고
바다를 가른 분이 주님입니다.

주님은 못 할 일이 없고
주님께는 불가능이 없습니다.

눈앞의 상황은
저를 불안하게 하지만
보이지 않는 하나님은
제게 소망을 주십니다.

주님,
제게 희망을 주셔서 감사합니다.
질병이 치유되고
빚더미에서 벗어나고
관계가 좋아지고
꿈이 이뤄질 것을 믿습니다.

모든 상황이 역전되고
새로운 자리로 나아가고
본 적 없는 은혜를
누리게 될 것을 소망합니다.

기회가 날아간 것처럼 보이지만
더 좋은 기회가 찾아오고,
저를 힘들게 하는 문제가
저를 더 강하게 하고,
저를 무너뜨리려는 원수는
이제 곧 무너질 것입니다.

주님,
제게 어떤 상황에도 흔들리지 않는
희망으로 가득 채워주시고
소망의 기름을 부어주시니 감사합니다.

주님의 나라가 이제 임하고
주님의 뜻이 이루어질 줄 믿습니다.

오늘도 좋은 소식을 갖고 오실
예수님의 이름으로 기도드립니다.
아멘.

바른마음

바른 마음 주심을 감사하는 기도

주님,

오랫동안 싸워왔지만

여전히 제 안에 육신의 마음이 있습니다.

조급하고 쉽게 짜증 내고

작은 일에도 낙심하고

자녀에게 화를 내고

배우자를 비난하고

부모님과 말다툼을 합니다.

사람들이 떠날 것 같고

결국에는 실패할 것 같고

여기서 끝날 것 같은 상상이 들고
이 행복이 언제 사라질지 모른다는
두려움이 있습니다.

제 마음에서 끊임없이 이렇게 소리칩니다.
"너는 안돼, 틀렸어.
너는 게으르고, 충동적이고, 이기적이야.
너는 중독을 끊을 수 없고
가난에서 벗어날 수 없어.
사람들이 너를 싫어할 거야.
너는 결국 실패할 거야."

저는 이 마음의 소리를
이길 수도 없고 멈출 수도 없습니다.
의지가 약합니다.

그러나 주님,
주님은 야곱을 이스라엘로 바꾸신 것처럼
제 안에 들리는 사기꾼의 소리를 멈추시고

저를 이스라엘로 살게 하셨습니다.

제 마음을 흔들어 깨워주시고,
마음을 열고 주님의 말씀에
귀 기울이게 하셨습니다.

끊임없이 들려오는
부정적인 생각을 끊어주시고
날마다 생명의 말씀을 들려주셨습니다.

이전의 습관을 끊고
거룩한 삶을 살게 하시고
옛사람을 버리고 새사람을 입으며
육신의 생각을 버리고
성령을 따라 살게 하셨습니다.
주님, 감사합니다.

"나는 날마다 죽노라" 했던 바울처럼
저도 날마다 육신의 생각을

십자가에 못 박습니다.

스트레스받고 짜증이 올라오지만
참아내게 하시니 감사합니다.
불같은 마음이 여전히 있지만
터뜨리지 않고 주님을 바라보게 하시니
감사합니다.

어제도 실패했지만 낙심하지 않고
오늘 다시 일어서게 하시니 감사합니다.
여전히 질투심이 있지만
비난하지 않고 축복하게 하시니
감사합니다.

밤새 게임하고 SNS를 하고
방탕하게 살고 싶을 때도 있지만
저를 무너뜨리는 유혹에
"아니"라고 말할 수 있어서 감사합니다.

어려운 상황에서도 긍정적으로 생각하고
바른 선택을 하게 하시니 감사합니다.

두려워하는 제게
"아들아, 딸아,
내가 너의 하나님이야.
네 인생은 이렇게 끝나지 않아.
네 삶은 내가 책임져.
가장 좋은 날은 아직 시작도 되지 않았단다."
안심시켜 주시니 감사합니다.

주님,
여전히 문제가 많지만
그래도 감사하고 기뻐하는
건강한 마음을 주셔서 감사하고

고난에 무너지지 않고
다시 일어서는
단단한 마음을 주셔서 감사하고

폭풍 속에서도 주님을 바라보는
마음의 눈을 열어주셔서 감사합니다.

상처 난 마음을 치료하시고
연약한 마음을 보듬어주시고
불안한 마음을 평안케 하시고
두려운 마음에 담대함의 기름을
부어주시니 감사합니다.

외로운 마음을
사랑으로 감싸주시고
절망적인 마음에
희망의 씨앗을 심어주시고
포기했던 마음에
소망의 꽃을 피우게 하시니
감사합니다.

오늘도 감사를 선택하도록
훈련해주시고

상황과 조건을 넘어서는

감사의 능력으로 살게 하시니

감사합니다.

감사의 이유가 되시는

예수님의 이름으로 기도드립니다.

아멘.

강한 정신력 주심을 감사하는 기도

정신력

사랑하는 주님,
제 마음은 깨지기 쉬운 유리 같습니다.

주변 사람들의 표정 하나에도
민감하게 반응하고
나쁜 일이 생기면 저 때문인 것 같아
사람들의 눈치를 봅니다.

사람들과 비교하며 저를 깎아내리고
사소한 말 한마디에도
쉽게 상처를 받습니다.

주께서 심지가 견고한 자를
평강하고 평강하도록 지키시리니
이는 그가 주를 신뢰함이니이다

사 26:3

주님께서 제게 이미
강인한 마음과 강철같은 정신력을 주셨고
제 심지를 견고하게 하셨음을 믿습니다.

제 삶의 주인은 하나님이십니다.
제 삶은 사람들의 말이 아니라
하나님의 말씀대로 됩니다.

저는 하나님께 선택받은 사람입니다.
하나님께서 창조하신
놀라운 걸작품입니다.
십자가의 보혈로 용서받았습니다.
구원받은 하나님의 자녀입니다.
하나님나라의 강한 군사입니다.

제 안에 계신 주님의 능력이
어떤 문제보다 크고
저를 향한 주님의 계획은
완벽하게 준비되었습니다.

저는 어떤 폭풍도 이겨내고
어떤 산도 오를 수 있고
어떤 꿈도 이룰 수 있음을 믿습니다.

주님, 감사합니다.
하루에도 수십 번 수백 번
이것을 되뇌며 선포하겠습니다.

사람들의 시선보다
주님의 시선을 의식하겠습니다.
사람들의 인정을 구하기보다
이미 하나님께 인정받았음을
기억하겠습니다.

사람들의 부정적인 말을 곱씹는
나쁜 습관을 버리고
온종일 하나님의 말씀을 묵상하고
하나님을 바라보겠습니다.

비록 작은 성공일지라도
크게 기뻐하고
또 한 번 실패했을지라도
계속 도전하겠습니다.

제가 많이 부족해도 귀하게 여기고,
저를 무시하는 사람을 멀리하고
저를 존중하는 사람과 함께하겠습니다.

모든 것이 합력하여
선을 이루게 하시는 주님,
장애물은 성장의 기회이고
고난은 성공의 디딤돌입니다.

뜨거운 용광로에서 철이 단련되듯이
고난의 용광로에서 저는 강해질 것입니다
고난이야말로 제가 더 강해질 기회입니다.

고난에도 불구하고 성공한 것이 아니라
고난 덕분에 성공할 수 있습니다.

고난 속에서도 주님의 뜻을 구하고
막막해도 해결책을 찾고
혼란스럽지만
새로운 기회라고 믿는
유연하고 강인한 마음을
제게 주시니 감사합니다.

거대한 골리앗 앞에서도
주눅 들지 않고
여호와의 이름으로 담대히 나아간
다윗의 강철 같은 정신을
제게 부어주시니 감사합니다.

수많은 실패가 아니라
한 번의 작은 성공을
기억하시는 주님,

저도 실패에 연연하지 않고
실패를 통해서도 배우고 성장하며
하나님의 뜻을 이루겠습니다.

언제나 저와 함께하시며
격려하시는 주님,
오늘도 주님을 생각하면
정말 행복합니다.

유리 같은 마음이
강철같이 단단해져
지혜롭고 용감하게
폭풍우를 헤쳐나가는 모습을 상상하니
너무 좋습니다.

주님, 감사합니다.

고맙습니다.

주님을 신뢰합니다.

오늘도 저를 빚어가시는

예수님의 이름으로 기도드립니다.

아멘.

일용할 양식 주심을 감사하는 기도

일용할 양식을 허락하신 주님,

제게 먹고 마실 수 있는

은혜를 주셔서 감사합니다.

제가 먹을 수 있기에

일하고 사랑하고 섬길 수 있습니다.

주님, 감사합니다.

주님,

오늘도 저의 한 끼 식사를 위해

많은 이들의 수고가 있었습니다.

어부들의 수고와 농부들의 땀방울,
재료를 유통하는 이들의 애씀이 있었습니다.
맛있는 요리를 만들어준 귀한 손길이 있었고
즐거운 식탁의 교제를 함께 누리는
사랑하는 가족이 있습니다.

그뿐만 아니라
땅과 바다를 만드시고
해와 달과 별을 지으신
주님의 놀라운 사랑이 있었고

때마다 비를 내려주시고
적절한 햇빛을 비춰주시고
바람에서 지켜주시는
주님의 세심한 사랑이 있었습니다.

주님,
당연해 보이는 이 모든 것이
하나님의 특별한 은혜입니다.

오늘도 이 은혜를 누리게 하시니
감사합니다.

시원하고 깨끗한 물과
신선하고 맛있는 과일,
출출한 배를 채워주는
맛있는 간식을 주셔서 감사합니다.

건강한 영양을 위해 연구하는
이들의 수고에도 감사합니다.

주님,
음식을 대할 때마다
주님의 십자가 사랑을 기억합니다.
주님의 사랑이
저를 살려냈고, 살게 했습니다.

뿐만 아니라 이 음식 덕분에
제가 살아갈 힘을 얻었으니

이 힘으로 맡기신 사명
잘 감당하겠습니다.

생명의 양식이 되시는 주님,
매일 밥을 먹어야 살 수 있듯이
매일 하나님의 입에서 나오는
말씀을 먹어야
사람답게 살 수 있습니다.

날마다 생명의 말씀을 들려주셔서
어떤 시험도 이길
힘과 능력을 얻게 하시고
제 삶 또한 배고픈 누군가의
양식이 되게 해주시옵소서.

주님,
눈물 젖은 빵을 먹을 때는
얼마나 주님의 은혜가
크게 느껴지는지 모릅니다.

때로 주님께서 저를 낮추시고
주리게 하실 때
제가 사는 이유가 무엇인지
더 분명히 기억하게 됩니다.

먹든지 마시든지 무엇을 하든지
어떻게 주님을 더 기쁘게 할 수 있을지
생각하며 살게 해주시옵소서.

주님,
이 땅에 먹을 음식이 없어서
굶주리는 이들이 있습니다.
음식을 대할 때마다
그들을 기억하며
탐식의 유혹을 이기게 해주시옵소서.

오늘도 일용할 양식을 위해
머리 숙여 기도하는 이들에게
하늘의 만나와

은혜의 까마귀를 통해
든든한 한 끼 식사를
허락해주시옵소서.

주님,
사방이 막혀 있어도
하늘이 열려 있음을
기억하게 해주시옵소서.

일용할 양식을 허락하시고
생명의 떡이 되신
예수님의 이름으로 기도드립니다.
아멘.

필요한 재능 주심을 감사하는 기도

귀하신 주님,

주님께서 제게 많은 것을 주셨는데

없는 것을 붙들고

원망하며 살아가는

어리석은 자가 되지 않기 원합니다.

'나는 왜 잘하는 게 하나도 없을까'

'왜 남들처럼 잘하지 못할까'

저를 비난하며 제 삶을 무너뜨리는

행동을 멈추게 하시고

주님께서 주신 놀라운 잠재력과
무한한 가능성과 다양한 재능을
찾고 훈련해서
귀하게 쓰임받는 삶이
되게 해주시옵소서.

제 약점이 한둘이 아니고
제가 못하는 것이 많을지라도
주님께서는 이미 제게 주신 것으로
저를 사용하실 것을 믿습니다.

아직 투박한 원석에 불과하지만
주님께서 빛나는 보석으로
바꾸실 것을 믿습니다.

주님,
제가 다른 사람처럼 살지는 못해도
제게는 저만이 가진 재능이 있고
저만이 이룰 수 있는 일이 있습니다.

주님께서 제 안에 심어주신
위대한 재능의 씨앗이
이제 곧 싹이 나고 꽃이 피고
열매 맺을 것을 믿습니다.

제가 낡은 피아노에 불과할지라도
최고의 연주자인 주님께서 연주하시기에
사람을 감동시키며
놀랍게 쓰임 받을 줄 믿습니다.

주님,
이제 저의 부족함을 들춰내고
저의 못난 부분을 지적하는 일을
멈추겠습니다.
주님께서 이미 주신 것에
시선을 고정하고 감사하겠습니다.

남들이 몰라보고 저도 보지 못하는
저만의 재능을 주님께서 알아보시고

잠재력을 끌어내
놀랍게 사용하실 것을
믿고 감사하겠습니다.

주님, 제게
사랑하며 사랑받고
배우고 성장하며
아름다움을 느끼고
다른 이들과 소통하고
다른 사람을 도울 수 있는
능력을 주셔서 감사합니다.

고난 앞에 인내하고
꿈을 향해 도전하고
넘어져도 다시 일어서는
능력을 주셔서 감사합니다.

겸손히 용서를 구하고
너그러이 용서하는 능력을 주시고

힘든 상황에서도 웃는 여유와
상황에 끌려다니지 않고
감사하고 기뻐할 수 있는
능력을 주셔서 감사합니다.

춤을 추고 노래하고
악기를 연주할 수 있는 재능을 주시고

말과 글로 세상을 이해하고
바꾸는 재능을 주시고

논리적으로 생각하고
빠르게 숫자를 파악하는
재능을 주셔서 감사합니다.

그림을 그리고 물건을 만드는
뛰어난 손재주를 주시고
사람들과 잘 어울리는
능력을 주셔서 감사합니다.

자연을 바라보며 감동받고
동물을 사랑하고 식물을 돌보는
즐거움을 주셔서 감사합니다.

하나님을 사랑하고
이웃을 섬길 수 있어서 감사합니다.

주님,
아직 부족해도
주님께서 저를 빚어가시고
아직 완전하지 못해도
주님께서 자라나게 하심을 믿습니다.

주님께서 저를 이렇게 지으신 데는
분명한 이유가 있습니다.
저만의 독특한 재능과 열정으로
세상을 축복하고
주님께 영광을 돌리게 하실 것을
믿고 감사드립니다.

제게 독특한 능력을 주신

예수님의 이름으로 기도드립니다.

아멘.

가족에 대한 감사기도

가족

*

모든 가정이 다 건강한 것은 아니어서, 가족을 생각하면 오히려 마음이 힘든 분들이 있습니다. 사랑하면서도 가족에게 상처를 주며 살기도 합니다. 그러나 기억해야 할 것은 100퍼센트 좋은 가정도 없고, 100퍼센트 나쁜 가정도 없다는 것입니다. 모든 가정에는 좋은 부분도 있고 힘든 부분도 있습니다.

감사기도를 통해, 그동안 놓치고 있었던 우리 가족의 좋은 부분을 깨닫고, 우리 가정이 다 나쁜 것만은 아니었다는 것을 알게 되면 좋겠습니다. 또 감사기도를 통해 가족에 대한 고마움이 더 커지고, 구체적으로 가족에게 고마움을 표현하는 기회가 되면 좋겠습니다.

감사할 때 더 큰 감사가 찾아옵니다. 우리 가족 안에 감사할 일들이 더 많아졌으면 좋겠습니다.

하나님 아버지,

제게 사랑하는 가족을 주셔서 감사합니다.

기쁠 때 함께 기뻐하고

힘들 때 함께 울어주는

가족을 주셔서 감사합니다.

실컷 울어도 부끄럽지 않고

맘껏 좋아해도 창피하지 않은

가족을 주셔서 감사합니다.

때로는 서운하고, 다투기도 하지만

제가 억울한 일을 당할 때는

저보다 더 크게 화를 내주고

제가 실수해도 언제나 제 편이 되어주는

가족을 주셔서 감사합니다.

제가 힘들 때면

"걱정하지 마. 네 잘못 아니야.

잘될 거야"라며 응원해주고

제가 아파할 때는
저보다 더 아파하고 염려해주는
가족을 주셔서 감사합니다.

마음이 지칠 때
기댈 수 있고
마음이 답답할 때
터놓고 이야기할 수 있는
가족을 주셔서 감사합니다.

많은 것을 하지 않아도
함께 있는 것만으로
의지가 되고 힘이 되는
가족을 주셔서 감사합니다.

인생의 중요한 순간마다
곁에서 응원하고 함께 기도하는

가족을 주셔서 감사합니다.

저의 진로를 위해
저보다 더 애를 태우고
제가 성장하는 모습을 보면서
저보다 더 크게 기뻐하고
저의 성공을 진심으로 축하해주는
가족을 주셔서 감사합니다.

도움이 필요할 때면
만사를 제치고 달려오고
가족이라는 이유로
아무 조건 없이 받아주는
가족을 주셔서 감사합니다.

지난날 함께했던 행복한 추억을 나누고
작은 일에도 깔깔대고 웃을 수 있는
가족을 주셔서 감사합니다.

저에게 복음을 전해주고
하나님을 진지하게 알아가고
사랑할 수 있도록 도와준
가족을 주셔서 감사합니다.

방황하는 저를 붙들어 주고
길을 잃었을 때
재촉하지 않고 기다려준
가족을 주셔서 감사합니다.

저의 의견을 무시하지 않고
아낌없이 응원해주는 가족 덕분에
살아갈 용기를 얻었고
저의 실수에도 눈감아준 가족 덕분에
다시 일어설 힘을 얻었습니다.

사랑하는 가족 덕분에
갈등을 해결하는 법을 배웠고
용서하는 법을 배웠습니다.

저를 아프게 했던 가족 덕분에
제가 하나님을 간절히 찾게 되었고
하나님을 더 의지하게 되었고
하나님과 더 가까워졌습니다.

주님,
제게 가족을 주셔서 감사합니다.
기댈 수 있는 가족이 있어서 든든합니다.
가족을 생각하면 제 마음이 따뜻해집니다.
가족이 있어서 참 좋습니다.

주님,
사랑하는 가족을 지켜주시옵소서.

우리의 하늘 아버지가 되시는
예수님의 이름으로 기도드립니다.
아멘.

부모님에 대한 감사기도

부모님

*

우리말의 언어 예절 중에는 '압존법'(壓尊法)이라는 것이 있습니다. 압존법이란 높여야 할 대상이지만 듣는 이가 더 높을 때 그 공대를 줄이는 어법입니다. 예를 들면 평소에는 "아버지께서 아직 안 오셨습니다"라고 말하지만 아버지보다 더 높은 할아버지 앞에서는 "할아버지, 아버지가 아직 안 왔습니다"라고 하는 것입니다.

하나님은 우리 아버지이시고 가장 높은 분이시기에 오늘 부모님에 관해서도 하나님께 압존법으로 말씀드렸습니다. 부모님이 저를 낳으시고 길러주셨지만 하나님께 드리는 기도에서는 "저를 낳고 길러준 부모님"이라고 표현하는 식이지요.

혹시 그래도 입에 익지 않아 마음이 불편하시다면 늘 하시던 대로 편안하게 기도하셔도 좋겠습니다. 부모님을 사랑하고 존대하는 마음을 주님이 충분히 알아주실 거라고 믿습니다.

사랑하는 주님,
저를 낳고 길러준
존경하는 부모님을
허락해 주셔서 감사합니다.

언제나 자신보다 저를 먼저 생각하고
저를 위해서라면
무엇 하나 아까워하지 않고
가장 좋은 것을 주고자 최선을 다한
부모님의 희생에 감사합니다.

실수도 잦고 부족한 것도 많지만
늘 묵묵하게 기다려준
부모님을 통해
하나님의 사랑을 느낄 수 있었습니다.

평생을 주면서도
더 주지 못해 미안해하는
부모님의 모습을 통해

예수님의 사랑을 보게 되었습니다.

겸손하게 기도하는
부모님을 통해
하나님을 사랑하고
경외하는 삶을 살게 되었습니다.
주님, 감사합니다.

주님,
제가 지금껏 살아온 것은
정성을 다해 돌봐준
부모님의 사랑 덕분입니다.

제가 힘들 때마다
늘 제 곁에서 저를 응원하고
저보다 더 간절히 기도해준
부모님의 사랑 덕분입니다.

고민이 있을 때마다

제 이야기에 귀 기울이고
아낌없이 지혜를 나눠준
부모님의 사랑 덕분입니다.

저의 작은 꿈도 무시하지 않고
열정적으로 지지해준
부모님의 사랑 덕분입니다.

부모님의 따뜻한 눈빛과 표정과
온기 가득한 말을 통해
제가 소중한 존재라는 것을
느낄 수 있었습니다.

부모님을 통해
사랑하는 법을 배우고
사랑받는 법을 배웠습니다.

저를 위해 최선을 다하는
부모님의 모습을 보면서

인내하고 노력하며 책임감 있게
살겠다고 다짐했습니다.

삶을 주도적이며
독립적으로 살아가도록
선택할 기회를 주고,
실패할 것을 알면서도
실패할 기회를 허용해준
부모님의 사랑에 감사합니다.

부모님을 통해
경제적인 책임감을 기르고
어려운 일을 만날 때마다
포기하지 않고 헤쳐나가는
용기를 갖게 되었습니다.

사랑하는 사람들과
어떻게 사이좋게 지내는지
어떻게 공감하고 용서하는지

부모님을 통해
배울 수 있었습니다.

부모님을 통해
하루하루 정직하고 성실하게
살 이유를 알게 되었고
주변 사람들에게
친절을 베풀며 사는
중요성을 배웠습니다.

앞을 전혀 알 수 없는 상황에서도
창조적으로 살아갈 수 있었던 것은
호기심 많은 저를 나무라지 않고
있는 그대로 받아준
부모님의 사랑 덕분이었습니다.

하나님께서 제 안에 넣어주신
재능을 찾을 수 있도록
함께 고민해준 부모님이 계셨기에

나답게 살아갈 용기를 얻었습니다.

주님,
이 세상에
저보다 저를 더 사랑하는 사람이
부모님 외에 또 누가 있겠습니까.
제가 부모님을 만난 것은
정말 놀라운 축복이었습니다.

주님,
부모님이라는 특별한 선물을 주셔서
감사합니다.

제게 부모님을 허락하신
예수님의 이름으로 기도드립니다.
아멘.

배우자

DAY 10

배우자에 대한 감사기도

아담이 이르되

이는 내 뼈 중의 뼈요

살 중의 살이라

창 2:23

사랑하는 주님,

배우자(이름을 말하며 기도해보세요)는

주님께서 허락하신 제 운명입니다.

배우자(이름) 덕분에

제가 소중하고 사랑받는 존재임을

느끼게 되었습니다.

저를 지지하고 응원하는 사람이
가장 가까운 곳에 있어서
얼마나 큰 힘이 되는지 모릅니다.

서로 마음을 나누고
같은 마음으로 기도할 수 있는
복을 주셔서 감사합니다.

함께 하나님을 예배하고
같은 꿈을 꿀 수 있다는 것이
하나님의 은혜입니다.

주님,
부족한 모습까지도
숨김없이 나눌 수 있는
배우자(이름)를 주시고
주님 안에서 하나 됨의 의미를
알게 해주셔서 감사합니다.

아플 때 곁에 있어주고
힘들 때 기도해주는
배우자(이름)를 허락하셔서 감사하고

저를 아껴주고
저를 위해 수고하는
배우자(이름)를 허락해주셔서 감사합니다.

제가 무엇을 하든
저를 믿어주고 지지하는
배우자(이름)가 있어서 감사하고
더 좋은 배우자가 되기 위해
노력하게 하시니 감사합니다.

의기소침할 때마다
잘할 수 있다고,
잘하고 있다고,
잘될 거라고 용기를 주는
배우자(이름)를 주셔서 감사합니다.

아이들의 좋은 부모가 되어주고
건강한 가정을 세우기 위해
함께 노력하게 하시니 감사합니다.

함께하는 것이
때로는 힘들기도 하지만
배우자(이름)를 통해
대화하는 법을 배웠고
함께한다는 것이 큰 복이라는 것도
알게 되었습니다.

서로 너무 달라서
어려울 때도 있었고
힘든 일도 많았지만
그래도 참고 견뎌준
배우자(이름)가 참 고맙습니다.

제 마음을 아프게 했던
배우자(이름)의 모습이 없었다면

제가 누군가를 용서하고 사랑한다는
의미를 어찌 알았겠습니까.

그 시간을 통해
사랑할 기회를 얻었고
주님을 더욱 닮게 되었습니다.

배우자(이름) 덕분에
하나님을 더 가까이하게 되었고
배우자(이름)와 함께한 모든 시간이
저를 성장하고 자라게 했습니다.
주님, 이 모든 것에 감사합니다.

주님,
배우자(이름)가 싫어하는 것을 하지 않는 지혜와
작은 것 하나도 함께 결정하는 겸손을 주시고
늘 따뜻하고 예쁘게 말하도록
도와주시옵소서.

고마운 마음은 늘 있었지만
그동안 고맙다는 표현이 부족했습니다.
이제 용기 내어 고맙다고
자주 말하겠습니다.

부족한 저와 함께하며
언제나 제 편이 되어준
배우자(이름)를 허락해 주셔서
감사합니다.

목숨까지도 아낌없이 내어주시고
저의 영원한 신랑 되신
예수님의 이름으로 기도드립니다.
아멘.

자녀

자녀에 대한 감사기도

사랑스러운 자녀(이름)를 주신 주님,

감사합니다.

아무것도 모르는 제가

이 아이 덕분에 부모가 되었습니다.

두근대는 아기의 심장 소리에

생명의 신비로움을 알게 되었고

조그만 아기를 껴안을 때

세상을 안은 기분을 맛보았고

보드라운 살결의 감촉에

제 마음마저도 따뜻해졌습니다.

주님, 감사합니다.

처음 기저귀를 채워주던 날,
처음 뒤집기를 하고
처음 엄마를 부르고
처음 걸음마를 떼고

처음 책가방을 메고 어린이집에 가던 날
삐뚤빼뚤한 글씨에 감동했던 첫 편지
처음 열까지 수를 셌던 날
처음 졸업식에 참여했던 날

모든 것이 낯설고 어색했지만
아이를 통해 처음의 기쁨을 맛보았습니다.
주님, 감사합니다.

사랑하는 자녀(이름) 덕분에
처음으로
더 나은 삶을 살겠다고 다짐했고
바르게 살기로 결심했습니다.

사랑하는 자녀(이름) 덕분에

주는 것이 기쁘다는 것을 알았고

조건 없이 사랑한다는 말의 의미를 알았고

이 아이를 사랑하면서

'나도 이렇게 사랑받았겠구나'

깨닫게 되었습니다.

주님,

제가 누군가를 위해

이렇게 간절하게 기도해본 적이

있었을까요.

사랑하는 자녀(이름) 덕분에

제가 얼마나 인내심이 부족하고

이해심이 부족한지도 알게 되었고

주님께 엎드려 간절히 기도하게 되었습니다.

이 아이의 존재 자체가

제게는 더없이 큰 선물입니다.

제가 살아야 할 의미를 찾아주었고
열심을 내야 할 이유가 되어주었고
포기하지 않도록 붙잡아주었습니다.

학교에서 칭찬받은 날
조금이라도 빨리 제게 자랑하고 싶어
헐떡이며 계단을 뛰어오르던
아이의 얼굴,
저의 지친 어깨를 주물러주던
고사리 같은 손,
마치 저는 뭐든 다 아는 것처럼
호기심 가득하게 바라보던 눈,

제게 이런 천사 같은 아이를
보내주셔서 감사합니다.

매일 밤 "성경 읽어주세요. 기도해주세요"
하는 아이를 주셔서 감사하고
수십 번을 읽은 책인데도 또 읽어달라며

늘 새로운 눈빛으로 귀 기울이는 모습에
감사합니다.

제가 뭐라고
하루 종일 저를 따라다니며
수백 번씩 저를 부르고
저를 좋아해주는
아이를 주셔서 감사합니다.

기다리는 것이 너무 힘든데도
저와 놀기 위해 꾹 참고 기다려주는
아이를 주셔서 감사합니다.

아이의 이름을 부를 수 있는 것만도 감사한데
저를 보며 환하게 웃어주고
저를 엄마, 아빠라 불러주니 감사합니다.

아무것도 모르는 어린아이라 생각했는데
그런 아이가 자라

어느새 저의 친구가 되어
제 이야기를 들어주고 제 걱정도 하며
제게 조언까지 합니다.

주님,
이 아이를 이렇게 자라게 해주셔서 감사합니다.
이런 아이를 제 자녀로 주셔서 감사합니다.

사춘기 시절
자기도 어찌할 수 없는 모습에 힘들고
여러 가지 불합리해 보이는 세상에
화가 났겠지만
그래도 포기하지 않고 견뎌낸
아이가 대견스럽고
제가 함께하지 못한 시간까지
주님께서 함께해주셔서 감사합니다.

꿈을 이루겠다고
늦은 밤까지 공부하느라

애쓴 모습이 대견하고
취직했다며 선물을 내밀고
결혼하겠다고 인사시켜 주던 모습에
감사합니다.

주님,
사랑하는 자녀(이름) 덕분에
치열한 삶 속에서 웃을 수 있었고
소중한 추억들을 쌓을 수 있었고
삶의 중요한 가르침을 얻게 되었습니다.

저를 꼭 빼닮은 아이의 모습 덕분에
저를 돌아보았고,
하나님의 마음을
더 깊이 알게 되었습니다.
주님, 감사합니다.

주님,
사랑하는 우리 자녀(이름)는

주님께서 잠시 보내준 손님입니다.

잘 대접해서 보내겠습니다.

사랑하는 자녀(이름)가

건강하고 행복하고

형통한 삶을 살아가도록 복 주시옵소서.

주님의 사랑과 은혜에

붙들려 살아가도록 지켜주시옵소서.

하나님께 영광을 돌리며 살아가도록

삶의 여정을 인도해주시옵소서.

저를 자녀 삼아주시고

제게 자녀를 주신

예수님의 이름으로 기도드립니다.

아멘.

만남의 축복에 대한 감사기도

사랑의 주님,
제게 소중한 만남의 축복을
허락해주셔서 감사합니다.

저를 스쳐 간 수많은 사람 중에
단 한 사람도 우연이 없습니다.
모두 하나님께서 준비하신
놀라운 은혜입니다.

주님,
제게 좋은 친구를
허락해주셔서 감사합니다.

좋을 때나 힘들 때나
늘 제 곁을 지켜주고
제 의견을 존중해주고
제가 잘되기를 바라는 마음에
어려운 이야기도 용기 내 나눠준
고마운 친구를 주셔서 감사합니다.

도움이 필요할 때는
기꺼이 달려와 주고
저의 부족함을 다 알면서도
저를 자랑스러워하고
저도 저를 사랑할 수 없을 때
제가 얼마나 귀한 존재인지 일깨워준
친구를 주셔서 감사합니다.

제가 잘되기를 진심으로 기도하고
제게 좋은 일이 있을 때
저보다 더 기뻐하고
저보다 더 저의 미래를 응원해주는

친구가 있다는 것이 큰 축복입니다.
주님, 감사합니다.

좋으신 하나님,
제게 좋은 멘토를 만나는
복을 주셔서 감사합니다.

제가 성장하도록
날마다 새로운 영감을 불어넣어 주고
꿈을 향해 달려가도록
끊임없이 도전해 주고

두려워하고 주저할 때마다
포기하지 말라고
할 수 있다고
잘될 거라고
누구보다 저를 믿고 응원해준
멘토를 허락해주셔서 감사합니다.

성급하게 저를 판단하지 않고
늘 제 생각을 물어보고
끝까지 제 이야기를 들어주고
저를 기다려준 멘토 덕분에
제가 여기까지 이를 수 있었습니다.

주님,
저의 롤모델이 되어준
멘토를 허락해주셔서 감사합니다.

사랑하는 주님,
제게 좋은 목회자를 만나는
복을 주셔서 감사합니다.

진심으로 저를 위해 기도하고
말씀으로 제 삶에 도전해주고
삶으로 모본을 보여준
목사님을 만난 것이
제게는 큰 축복입니다.

목사님 덕분에
하나님을 만나게 되었고,
하나님을 알고
하나님을 사랑하게 되었습니다.

아낌없이 들려준 말씀 덕분에
어떻게 주님을 바라봐야 하는지
어떻게 주님과 동행하는지
어떻게 주님을 위해 살아야 하는지
알게 되었습니다.

늘 저의 안부를 물어봐 주고
저의 아픔에 공감해준 목사님 덕분에
무너지지 않을 수 있었습니다.

목사님 덕분에
무엇을 위해 살아야 할지 알게 되었고
삶의 의미를 깨닫게 되었습니다.

주님,
제게 신뢰할 수 있는 영적인 아버지를
허락해주셔서 감사합니다.

오늘도 저를 위해
귀한 만남을 예비하신 주님,
주님께서 허락하신 만남이
서로에게 좋은 영향을 주는
만남이 되게 하시고
주님께 영광을 돌리는
만남이 되게 해주시옵소서.

친구를 위해 목숨을 버리면
이보다 더 큰 사랑이 없다 하신(요 15:13)
주님의 말씀을 기억합니다.

저를 친구라 불러주시고
저를 위해
생명까지 아낌없이 내어주신

주님의 사랑에 감사드립니다.
주님,
사랑하고, 경배합니다.

모든 만남의 주관자가 되시는
예수님의 이름으로 기도드립니다.
아멘.

교회에 대한 감사기도

교회의 머리가 되시는 주님,

함께 모여 주님을 높이고

서로를 돌보고 세상을 섬기는

교회를 만난 것은

놀라운 축복입니다.

주님의 몸 된 교회를 통해

십자가의 사랑을 알게 되었고

주님께서 약속하신

풍성한 삶을 경험하고

영원한 삶을 꿈꾸게 되었습니다.

건강한 교회를 만나
제 신앙의 방황을 멈추고
마음의 안식을 얻게 되었습니다.
주님, 감사합니다.

주님,
고요함 속에서
주님의 임재를 깊이 누리며,
때로는 열정을 다해 주님을 찬양하고
뜨겁게 기도할 수 있다는 것이
얼마나 큰 축복인지 모릅니다.

목사님의 영적인 지도 덕분에
하나님의 말씀에 순종하며
영적으로 성숙해질 수 있었습니다.

영감 있는 말씀으로
주님을 사랑하고 주님을 닮아가도록
도전하는 목사님을 보내주셔서 감사합니다.

이제는
제가 우연히 태어난 존재가 아니라
하나님의 특별한 목적을 가지고 지어졌으며
저를 향한 하나님의 계획이
저의 계획보다 훨씬 크다는 것을 압니다.

제 안에 살아 역사하는
하나님의 말씀을 경험하게 하시고
제 삶을 통해 하나님의 말씀이
흘러가게 하시니 감사합니다.

주님,
부족한 저를 한 지체로 받아주고
제가 혼자가 아니라는 것을 일깨워준
교회를 만난 것은 주님의 은혜입니다.

인생의 어려운 순간
저를 지지하고 격려해주는 공동체가
너무나 큰 힘이 되었습니다.

넘어질 때마다 일으켜 세워주는
공동체 덕분에 힘든 시간을 견딜 수 있었고,
그들의 기도 덕분에
고난을 헤쳐나갈 힘을 얻었습니다.

복잡한 인생을 단순하게 살고,
보이지 않지만 믿음으로 선택하고,
고난 중에도 감사하며 살게 된 것은
그들의 헌신 덕분입니다.

저의 아픔을 들어주고
함께 기도해주는 이들 덕분에
치유와 회복을 얻었고,
함께 하나님나라를 꿈꾸는 이들 덕분에
하나님나라를 세워가는
기쁨을 알게 되었습니다.

저와 제 가족에 제한된 삶을 넘어서서
세상을 품고 살게 된 것은

그들의 섬김 덕분입니다.

주님,
건강한 교회를 허락해주셔서
감사합니다.

주님,
오늘도 교회를 위해 수고하는
많은 이들이 있습니다.

언제나 제일 먼저 환하게 반기고
환대해주는 안내자들,
열정적인 예배를 위해 헌신하는
찬양팀과 성가대,
다음 세대에게
하나님의 말씀과 사랑을 전하는
교회학교 선생님,
복음을 전하는 전도팀,
다른 이를 위해 기도하는 중보기도자,

상처받은 자를 치유하는 상담가,
교회 시설과 행정을 돕는 봉사자,
재정을 관리하는 분,
식당에서 음식을 준비하는 분,

수많은 이들의 헌신과 수고 덕분에
아름답게 교회가 세워질 수 있었습니다.

주님,
제게 이런 건강한 교회를
허락해주셔서 감사합니다.
저를 통해서도 누군가
하나님을 더욱더 사랑하게 되도록
저를 사용해주시옵소서.

부족한 저들을 통해
주님의 교회를 온전케 하시는
예수님의 이름으로 기도드립니다.
아멘.

나라에 대한 감사기도

나라

사랑하는 주님,
자랑스러운 조국 대한민국에
살 수 있는 축복을 허락해주셔서
감사합니다.

마음껏 하나님을 예배하고
자유롭게 복음을 전할 수 있는 나라,
마음껏 꿈꾸고
어디든 갈 수 있는
안전하고 자유로운 대한민국을
허락해주셔서 감사합니다.

오래전, 선교사들을 보내주시고
도시뿐만 아니라 깊은 산골 벽촌까지
십자가를 세워주시니 감사합니다.

이런 나라에 사는 것은
하나님의 특별한 은혜입니다.

주님,
한때 이 나라는 전 세계에서
가장 가난한 나라였습니다.
모든 것이 폐허였고,
어머니들은 배고파 우는 자식을 안고
주님께 울부짖었습니다.
주님은 그 기도를 들으시고
이 나라가 가장 빠르게
경제성장을 이루게 해주셨습니다.

이제 마음만 먹으면
누구든지 배울 수 있고,

아프면 병원에 갈 수 있고,
배고프면 먹을 수 있습니다.

어디든 갈 수 있고
누구든 만날 수 있고
언제든 이야기 나눌 수 있는
이런 나라에 산다는 것은
하나님의 특별한 은혜입니다.

서로의 다름을 인정하고 존중하며
서로 어우러져 하나 되는
다양하고 풍부한 문화유산을 가진 나라,

세계적인 수준의 정보통신 기술과
혁신적인 과학기술로 세계를 이끄는 나라,

높은 수준의 교육 체계로
세계적인 인재들을 배출해 내는 나라,

다양한 먹거리와 편리한 대중교통과
최고 수준의 공공 서비스를 갖춘 나라.

이런 나라에 살 수 있는 것은
놀라운 축복입니다.
주님,
대한민국에 태어나
살게 해주셔서 감사합니다.

주님,
이 나라를 자유민주주의 국가로
세워주셔서 감사합니다.
이를 위해 희생하고 수고한
수많은 선조의 헌신에도 감사합니다.

평화로운 나라, 정의로운 나라,
살기 좋은 나라를 만들기 위해 애써 온
정부와 지도자들을 허락하셔서
감사합니다.

사사로운 이익보다
국가의 미래를 위해
하나님의 뜻을 행하는 신실한 이들을
각 분야에 세워주셔서 감사합니다.

지도자들은 국민을 위해
지혜롭고 현명한 결정을 내리고
국민은 자신에게 주어진 책임을
성실하게 감당하는
자랑스러운 대한민국이 되게 해주시옵소서.

주님,
저희가 지금 누리는 풍요로운 삶은
거저 주어진 것이 아닙니다.
수많은 이들의 땀과 눈물과 피의 열매입니다.

오늘도 국가를 위해 헌신하는
귀한 이들이 있습니다.

국가를 지키기 위해 희생하는 군인,
시민의 안전을 위해 수고하는 경찰관,
위급한 시민들을 위해
위험을 무릅쓰는 소방관,

질병으로 고통받는 이들을 위해
고군분투하는 의료진,
다음세대를 위해 수고하는 교사,
어려운 이웃들을 돌보는 사회복지사,
대한민국을 빛내기 위해
땀 흘리는 각 분야의 국가대표들,

이 외에도 다양한 분야에서
국가와 국민을 위해
헌신하는 이들의 수고가 있기에
오늘 저희가 평화로운 일상을
살아갈 수 있습니다.
이들의 수고에도 감사합니다.

주님,

저희가 누리는 것을

당연하게 여기지 않고 감사하며,

주님께서 축복하신 이 나라를

우리 후손들에게

더 좋은 나라로 물려주기 위해

더욱더 힘쓰겠습니다.

저희가 누리는 이 땅의

모든 좋은 것은 주님의 선물입니다.

주님, 감사합니다.

아름다운 금수강산, 대한민국을 세워주신

예수님의 이름으로 기도드립니다.

아멘.

아침

아침에 드리는 감사기도

사랑하는 주님,

지난밤 안식하게 하시고

새날을 허락하셔서 감사합니다.

제가 눈을 뜨며 숨을 쉬고

아침을 맞이할 수 있는 것은

당연한 것이 아닙니다.

제가 잘나서도 아니고

저의 노력도 아닙니다.

주님의 놀라운 은혜입니다.

주님, 감사합니다.

하루를 시작하기 전
제게 사랑한다고 속삭여주셔서 감사하고
하루를 시작하면서
사랑하는 주님을 가장 먼저 부를 수 있어서
감사합니다.

하나님을 알지도 못하고
사랑하지도 않았던 저를 위해
십자가를 지시고,
저를 자녀 삼아주셔서 감사합니다.

부족한 저를
있는 모습 그대로 사랑해주시고
연약한 저를 소중히 여겨주셔서
감사합니다.

언제나 저와 함께하시며
좋은 친구가 되어주셔서 감사합니다.

사랑할 수 없는 저를
사랑스럽게 바라볼 수 있도록
저의 닫힌 눈을 열어주셔서
감사합니다.

제가 행복하고 형통하길
누구보다 원하시는 주님,
누구보다 간절히 저를 응원해주셔서
감사합니다.

저를 따뜻하게 감싸주시는
주님을 느낄 수 있어서 감사하고
부족한 저를 통해
주님의 선한 계획을 이루어 가심에
감사합니다.

푸른 하늘을 주셔서 감사하고
따사로운 햇살을 주셔서 감사하고
시원한 바람을 보내주셔서 감사하고

예쁜 꽃과 나무를 주셔서 감사하고
밤하늘의 별들을 주셔서 감사합니다.

실패할 기회를 주셔서 감사하고
두려움을 이기는 용기를 주셔서 감사하고
고난을 통해 더 높이 오르게 하셔서 감사합니다.

지나간 아픔을 잊고
내일을 꿈꿀 수 있어서 감사합니다.
성공의 기쁨을 알게 하셔서 감사하고
실패를 통해 성장할 수 있어서 감사합니다.

오늘도 저를 향해
할 수 있다고 격려해주시고
해보라고 응원해주셔서 감사합니다.

평범한 일상이 얼마나 소중한지
깨닫게 하셔서 감사합니다.

일용할 양식을 주셔서 감사하고
입을 수 있는 옷을 주셔서 감사하고
누울 자리를 주셔서 감사합니다.

사랑하는 가족이 있어서 감사하고
저의 안부를 물어오는 친구가 있어서 감사하고
함께 울고 웃는 공동체가 있어서 감사합니다.

사랑하고, 사랑받게 하심에 감사하고
용서받고, 용서할 수 있어서 감사합니다.

주님을 사랑하는 마음과
주님과 동행하는 기쁨과
주님의 뜻을 위해 살아가는 열정을
주셔서 감사합니다.

감사의 능력을 알게 하시고
감사를 고백할 수 있어서 감사하고
주님께 기도할 수 있어서 감사합니다.

주님,
제가 부족하고 연약하지만
그래도 이렇게 살 수 있는 것
모두 주님의 은혜입니다.

주님, 감사합니다.
고맙습니다.
진심으로 사랑합니다.

감사의 이유가 되시는
예수님의 이름으로 기도드립니다.
아멘.

자연

DAY 16

자연에 대한 감사기도

아름다우신 주님,

산과 바다, 숲과 들판,

넓은 하늘과 해달별,

이 아름다운 자연을 허락하셔서

감사합니다.

저를 둘러싸고 있는

광활하고 장엄한 자연 속에서

창조자 되시는 주님의 위엄을 느낍니다.

숨을 멎게 하는 찬란한 자연 앞에서

주님의 크심과 아름다움을 보게 됩니다.

매일 보는 저녁노을조차도
인간의 제한된 언어로는
다 표현할 수 없습니다.
어떻게 저 넓은 하늘을
이처럼 아름답게 물들일 생각을 하셨는지
알 수가 없습니다.

주님의 임재를 느끼게 하는
잔잔한 바람 소리,
흔들리지 않는 산을 통해 드러난
주님의 높고 위대하심.
이곳에 살고 있다는 것이
그저 주님의 놀라운 은혜입니다.

눈에 보이지도 않는 작은 벌레부터
가장 커다란 대왕고래에 이르기까지
그 하나하나에
독창성과 아름다움을 불어넣으신
주님의 솜씨에 경외심을 느낍니다.

이름 없는 새 한 마리까지 돌보시는
하나님의 세심한 손길에
주님의 따뜻한 사랑을 느낍니다.

수를 다 헤아릴 수 없을 만큼
다양하고도 독창적인 자연이야말로
살아계신 하나님의
가장 분명한 증거들입니다.

흘러내리는 시원한 시냇물에
갈증이 해갈되고,
울창한 숲속에서
신선한 공기를 마시고,
피어오르는 꽃 한 송이,
세심하게 그려 넣은 꽃잎 하나에서도
주님의 크심을 느끼고,
공기를 가득 채운 꽃향기에
또 한 번 감탄하게 됩니다.

끊임없이 쏟아지는 폭포에서
저를 씻으시는 자비를 느끼고
끝없이 솟아오르는 나무를 보며
어떻게 주님을 바라봐야 하는지
깨닫게 됩니다.

초록으로 물들인 잔디에 누워
안식처 되시는 주님을 느끼며
영혼의 위안을 얻습니다.
주님, 주님은 놀라운 분이십니다.

끝을 알 수 없는 광활한 바다를 보며
주님의 무한하신 은혜가 떠오르고
쉬지 않고 밀려드는 파도에서
한결같은 주님의 사랑을 느낍니다.

깊은 바닷속을 바라보며
측량할 수 없는
사랑의 깊이를 엿보게 되고

여전히 미지의 세계로 남은 바다에서
우리의 머리로는 다 알 수 없는
하나님의 지혜와 지식의
심오한 신비를 느낍니다.

어느 것도 거부하지 않고
받아들이는 바다는
모든 것을 품고 계신
우리 주님의 넓은 품 같습니다.

바스락거리는 나뭇잎 소리
고요히 흐르는 강물 소리
새들의 노랫소리
부서지는 파도 소리
바람에 살랑이는 꽃잎
일곱 색깔 무지개
화창한 날의 맑고 푸른 하늘
피어나는 뭉게구름
찬란하게 빛나는 태양

보석처럼 빛나는 밤하늘의 별
갓 베어낸 진한 풀향기
눈 덮인 겨울 산

이 아름다운 자연이
주님을 향한 경이로움과
경외감을 불러일으킵니다.

주님,
아름다운 자연을
허락하셔서 감사합니다.

우리의 자녀들도
이 아름다운 자연을 바라보며
주님의 창조를 상상할 수 있도록
주님께서 맡기신 이 소중한 자연을
잘 가꾸고 돌보겠습니다.
신비로운 주님의 손길에
감사와 찬양을 올려드립니다.

모든 만물을 창조하신

예수님의 이름으로 기도드립니다.

아멘.

배움의 기회에 대한 감사기도

배움

모든 이름 위에 뛰어나신 주님,
제게 배우고 성장할 수 있는
기회를 주셔서 감사합니다.

무엇보다,
하나님의 말씀을 배우고
하나님의 뜻을 깨닫고
하나님의 마음을 알게 하시니 감사합니다.

가슴 뛰는 꿈을 허락하시고
열정을 가지고 배우고
성장하게 하시니 감사합니다.

배울 수 있는 환경을 허락하시고
함께 배울 친구를 보내주시고
잘하는 것보다 자라나는 것이
중요하다고 가르쳐주는
좋은 스승을 허락해주셔서 감사합니다.

주님,
주님께서 함께하셨기에

좋은 시간뿐만 아니라
없었으면 하는 시간조차
제가 배우고 성장하는
기회가 됐고

즐거운 시간보다 힘든 시간에
더 많이 변화됐고
편안할 때보다 어려울 때
더 많이 성장했습니다.

무의미하게 느껴지고
평범해 보이는 시간에도
제가 자라났습니다.

계획이 틀어지고
뜻밖의 일이 일어났을 때는
주님께서 더 큰 계획으로
인도하신 것을 알게 되었고

아무리 기도해도
상황이 바뀌지 않을 때는
주님께서 저를 포기하신 줄 알았는데,
저를 더 강하고 단단하게
변화시키려는 뜻이었음을
알게 되었습니다.

힘들었지만 인내심을 길렀고
억울했지만 좋은 성품을 배웠고
무력했지만 절제를 익히게 되었습니다.

주님 덕분에
보는 사람이 없어도
옳은 선택을 하는 법을 배웠고

주님이 계셨기에
사사로운 이익을 좇기보다
바른 결정을 내리는
용기를 배웠습니다.

주님께서 함께하셨기에
문제에 낙심하지 않고
문제를 해결하려는
좋은 태도를 갖게 되었고

많은 실패 덕분에
저를 돌아보고
새롭게 도전할 수 있었고
힘들 때는 중요한 선택을 해서는
안 된다는 것을 배웠습니다.

다른 사람들과 따뜻한 관계 맺는 법을
배울 수 있어서 감사하고
다양한 아이디어를 자유롭게 나눈 덕분에
창의적인 상상력을 배울 수 있었으니
주님, 감사합니다.

인생의 희로애락을 겪으며
힘들 때는 기도하고
기쁠 때는 찬양하고
행복할 때는 겸손하라는
주님의 뜻을 배웠습니다.

주님,
배움에 늦은 때란 없습니다.
오늘이 배우기에 가장 좋은 때입니다.

주님께서 주신 재능을 잘 갈고닦아
사람을 돕고 세상을 축복하는 데
귀하게 쓰임 받고 싶습니다.

평생 배우고 훈련하는 일에

게으르지 않고

끊임없이 성장하고 자라가겠습니다.

오늘도 저를 자라나게 하시는

예수님의 이름으로

감사드리며 기도드립니다.

아멘.

건강에 대한 감사기도

건강

내 영혼아

여호와를 송축하며

그의 모든 은택을 잊지 말지어다

시 103:2

주님,

오늘도 제 영혼을 향해

주님의 놀라우심을 선포합니다.

내 영혼아, 주님을 송축하라.

주님의 은혜를 기억하며

주께 감사하라.

주님,
감사기도를 통해
감사를 훈련케 하시니 감사합니다.

감사의 태도를
평생 몸에 지니고 살아가도록
확실하게 연습하게 하시고
감사의 능력으로
살게 해주시옵소서.

주님,
인간의 지혜로는
아직도 다 알지 못할 만큼
제 몸을 신비롭게 지어주시니 놀랍습니다.

근육과 뼈와 세포 하나하나가
완벽한 조화를 이루어
움직이게 하신 하나님을 찬양합니다.

주님,
제게 건강하고 튼튼한 몸을 주셔서
감사합니다.

건강하지 못한 부분이 있을지라도
이 시간 믿음으로 고백합니다.
건강한 몸을 주셔서 감사합니다.
완벽한 몸을 주셔서 감사합니다.
나이를 뛰어넘어 유연하고
강인하게 하시니 감사합니다.

편안하게 숨을 쉬고
다양한 음식을 먹고
깊은 잠으로 안식하게 하시니
감사합니다.

수십 년을 사용했는데도
여전히 힘있게 움직이는
팔다리를 주셔서 감사하고

쉼 없이 일하는 폐와 장기들을
주셔서 감사합니다.

아름다운 세상을 볼 수 있어서 감사하고
사랑한다는 고백을 들을 수 있어서 감사합니다.

사랑하는 이의 손을 잡을 수 있어 감사하고
허리를 굽혀 누군가를 도울 수 있어서
감사합니다.

땀 흘려 일할 수 있으니 감사하고
청년처럼 활기가 넘치게 하시니
감사합니다.

주님,
주님께 고치지 못할 병은 없습니다.
주님께서 채찍에 맞음으로
제가 깨끗하게 나음을 받았습니다.

오늘도 기적이 일어나고 치유가 일어납니다.
이전 것은 다 지나가고 새롭게 창조됩니다.
주님, 고쳐주셔서 감사합니다.

주님,
인간이 겪게 되는 질병의 종류가
3만 가지가 넘는다고 하는데
제가 겪은 질병은
고작 몇 가지에 불과하게 하시니
이 또한 감사합니다.

아픈 몸을 통해
겸손을 배우게 하시고
질병 덕분에
건강의 소중함을 알게 하시니
그것 또한 감사합니다.

질병에서 회복되는
자연 치유력을 주시고

건강한 면역체계를 갖게 하시고
좋은 의료진의 도움을 받게 하시니
감사합니다.

수많은 바이러스와 세균에서 지켜주시고
만성질환에서 지켜주시니 감사하고,
많은 악성 종양에서 지켜주시고
이름 모를 질병들에서 지켜주시니 감사합니다.

주님,
저의 몸을 속되다 하지 않고
성령이 거하는 성전이라 하시니 감사합니다.
주님께서 허락하신 몸을
소중하게 여기고 잘 돌보겠습니다.
건강한 몸으로 하나님을 예배하고
다른 이를 섬기겠습니다.

몸을 병들게 하는
잘못된 습관을 멈추겠습니다.

모든 부정적인 사고방식을 끊어내고
어떤 상황에도 웃을 수 있는
여유를 갖겠습니다.
주님, 제게 건강을 주셔서 감사합니다.

날마다 더욱더 강건하게 하시는
예수님의 이름으로 기도드립니다.
아멘.

재정에 대한 감사기도

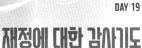

모든 쓸 것을 풍성하게 채워주시는 주님.
물질의 복을 받기 원한다고 기도하면서도
제 마음은 하나님의 복을 거부했습니다.

주님께서 모든 것을 준비하셨는데도
여전히 저는 그럴 자격이 없다고
하나님을 제한했습니다.

나는 부족하고 준비되지 못했고
그럴 자격이 없다며
하나님께서 준비하신 자리를
거절했습니다.

"네가 이렇게 가난한 것은
네가 게을러서 그래.
네가 능력이 부족해서 그래.
네가 못나서 그래.
너는 평생 물질에 쪼들리며 살 거야."
마귀의 거짓말에 속아
그 말을 믿음으로 받아들이고 살았습니다.

'내가 부유한 삶을 살 수 있다고?'
절대 그런 일은 일어나지 않을 거라 믿으며
제가 제 인생을 막고 있다는 것도
모른 채 살았습니다.

그런 제 생각을 깨뜨려 주시고
하나님의 말씀을 붙들고 살게 하신 분은
주님입니다.

가난한 저를 부요하게 하시고
빌리던 저를 빌려주게 하시고

도움받던 저를 도와주게 하신 분은
주님입니다.

주님, 감사합니다.
제가 누리는 모든 것은 주님의 은혜입니다.

제 부족함에 제한받지 않으시는 주님,
제가 어떤 집에서 태어났는지
어떤 가정에서 자랐는지
얼마나 많은 실패를 했는지
얼마나 많은 빚을 지고 있는지
그것과 상관없이 주님은
저를 통해 놀라운 일을 행하시고
부족함이 없게 하셨습니다.

제 삶이 풍성해진 것은
제가 전보다 더 열심히 살아서가 아닙니다.
주님의 은혜 덕분입니다.

빌리지 않고 빌려주는 삶을 살게 된 것도
어쩌다 우연히 된 것이 아닙니다.
주님의 전적인 은혜입니다.

저는 제 마음의 문을 두드리시는 주님께
그 문을 열고
하나님의 은혜를 받아들이고
하나님의 복을 받아들였을 뿐입니다.
하늘 문을 여신 분은 주님입니다.

하나님의 주머니에는
없는 것이 없고
모자람이 없고
부족함이 없습니다.
평생을 써도 다 쓰지 못할 만큼
차고 넘칩니다.

주님은
제가 한 번도 생각하지 못한

방법을 준비하셨고
제가 계획할 수 없는 방법으로
일하셨습니다.
제가 만날 수 없는 사람들을 만나고
이를 수 없는 곳에 이르게 하셨습니다.

주님,
제 삶은 합리적인 상식을 뛰어넘어
하나님의 말씀대로 됐습니다.

땅을 깊이 파야 나오는 물이 어떻게
딱딱한 돌덩어리에서 날 수 있습니까.
사람들은 말도 안 된다고 하지만
하나님은 반석에서 물을 내셨습니다.
수년 동안 정성을 다해야 하는 포도주가
한순간에 만들어졌습니다.

제가 메추라기를 쫓아다니지 않아도
메추라기가 저를 찾아왔고

제가 만나를 찾아다니지 않았는데
만나가 하늘에서 내렸습니다.
제가 물고기를 잡지 못했어도
물고기가 제 그물로 들어왔습니다.

반석의 물도, 포도주도,
만나와 메추라기도,
그물이 찢어지게 잡힌 물고기도
제가 열심히 일해서 얻은 것이 아닙니다.
하나님의 선물이었습니다.

주님은
상상할 수 없는 방법으로 저를 축복하셨고
상식을 뛰어넘어 역사하셨고
초자연적으로 일하셨습니다.
주님, 감사합니다.

부족함을 모르시는 주님,
주님의 은혜로 제 잔이 넘쳐납니다.

주님은

저의 필요를 채워주실 뿐만 아니라

나누고 베풀고 섬기는 자리로 초대하시고

하나님의 나라를 위해

쓰임 받는 자리에 저를 세워주셨습니다.

돈에 끌려다니지 않고

돈을 끌고 다니게 하셨습니다.

주님, 감사합니다.

채워주셔서 감사하고

넘쳐나게 하셔서 감사하고

쓰임받게 하시니 감사합니다.

풍성하게 채워주시는

예수님의 이름으로 기도드립니다.

아멘.

꿈꾸고 이루게 하심에 대한 감사기도

꿈

"사랑하는 나의 자녀야,

내가 너를 지었고

선택했고 불렀단다."

제게 소원을 품게 하신 주님,

제가 이유 없이 이 땅에 던져진 게 아니라

특별한 목적을 위해 지어졌다는 것을

주님의 말씀 덕분에 알게 되었습니다.

주님을 몰랐다면

이유도 모르고 살았을 텐데

주님을 만나고 제 삶이 달라졌습니다.

주님, 오늘도 제게
사명의 바람을 불어주시고
은혜의 파도를 일으키시며
끝을 알 수 없는 곳으로
인도해 가시니 감사합니다.

주님의 이름으로 날아가는
작은 돌멩이가
주님 없는 큰 창칼보다
훨씬 더 강합니다.

주님 안에 있는 저는
메뚜기가 아니라 독수리이고
생쥐가 아니라 사자입니다.
버려진 죄인이 아니라
사랑받는 자녀입니다.

이 큰 우주를 다스리시는 주님이
저의 한계를 지어주셨고

한마디 말씀으로
해달별을 붙드신 주님이
제 삶을 새롭게 써가십니다.

제 눈에는 커 보이고
제 힘으로는 불가능해 보이는 꿈도
주님의 능력 안에서는
아주 작은 일이고
주님의 계획 안에서는
작은 일부에 불과합니다.

제게는 어려운 일도
주님께는 쉬운 일이고
저는 할 수 없어도
주님은 하실 수 있습니다.

사람들이 저를 시기하고
비방하고 부당하게 대할지라도,
저를 막아서는 어떤 세력보다

저를 도우시는 주님이
훨씬 더 강하고

사람들이 저를 배신하고
떠나고 해할 수는 있어도
저를 향한 주님의 계획은
막을 수 없습니다.

저의 약함과 부족함이
주님의 일하심을 제한할 수 없고
저의 실수와 실패도
주님의 역사를 멈출 수 없습니다.

주님,
제 꿈을 반대하는 사람을 설득하는 데
에너지를 낭비하지 않겠습니다.
제 꿈을 비웃는 사람이 아니라
멋진 꿈이라고 말씀하시는
주님을 바라보겠습니다.

제가 할 수 없는 이유와
불가능한 이유가 아무리 많아도
그것을 생각하지 않겠습니다.

주님께서 제 편이고
주님께서 저와 함께하시는데
뭐가 걱정이겠습니까.

마귀는 제가 낙심하고
절망하고 포기하기를 원하지만
저는 계속 꿈을 품고
기도하겠습니다.

하나님 안에서는
너무 큰 꿈도 없고
불가능한 꿈도 없습니다.
꿈을 이루는 데 필요한 모든 것은
이미 완벽하게 준비되었습니다.

그저 겨자씨만 한
작은 믿음만으로도
주님의 큰 꿈이 이루어지기에 충분합니다.

주님께서 가장 좋은 때에
가장 좋은 방법으로
가장 좋게 이루실 것을 믿고
계속 꿈을 꾸고 도전하겠습니다.
노래하며 이 길을 가겠습니다.
춤을 추며 이 길을 걷겠습니다.

주님,
꿈꿀 수 없던 제가
꿈을 위해 살게 된 것은
주님 덕분입니다.
저를 여기까지 이끄신 분은 주님입니다.

오늘도 하나님의 꿈에
한 걸음 더 가까이 다가가게 하시니

감사합니다.

꿈이 이뤄지는 동안
주님을 더 깊이 알아가고
주님을 더욱더 닮아가고
주님의 영광을 나타내게 해주시옵소서.

제게 놀라운 꿈을 꾸게 하시고
꿈꿀 수 없는 곳까지 이끄시는
예수님의 이름으로 기도드립니다.
아멘.

승리를 선포하는 감사기도

그리스도께서 우리를 위하여

저주를 받은 바 되사

율법의 저주에서 우리를 속량하셨으니

갈 3:13

자유를 주시는 주님,

이 약속의 말씀을 굳게 믿습니다.

아담을 통해 흘러들어온

모든 죄의 저주가

예수 그리스도의 십자가로

끊어졌음을 믿습니다.

십자가의 능력이
제 안에 흐르는 저주의 사슬을 끊어내고
모든 묶임을 풀어내고
포로 된 저를 자유케 했습니다.

십자가의 능력은
모든 저주의 사슬을 깨뜨리기에 충분하고
저를 새롭게 하기에 충분합니다.

저를 흔드는 원수보다
십자가의 능력이 더 강하고
제게 흐르는 저주보다
십자가의 은혜가 더 강합니다.

저를 묶고 있는 죄의 저주보다
십자가의 능력이 더 강하고,
십자가의 사랑이 더 높고,
십자가의 은혜가 더 깊고,
십자가의 축복이 더 큽니다.

주님,
이제 저주의 무거운 짐을
십자가에 내려놓습니다.
모든 저주를 거부합니다.

빛 되신 주님께 제 마음을 엽니다.
주님의 은혜를 받아들입니다.
주님께서 예비하신 축복을 받아들이고,
주님께서 이루신 승리를 받아들입니다.

오랫동안 흐르던 저주는
효력을 잃고
흔적도 없이 사라졌습니다.
모든 저주가 축복으로 바뀌었습니다.

이전 것은 지나가고 새것이 되었습니다.
저주는 멈추고 은혜가 흐릅니다.
두려움이 사라지고 평안이 가득합니다.
불안이 사라지고 용기가 차오릅니다.

모든 염려는 사라지고
주님의 소망이 저를 둘러싸고 있습니다.

주님,
저의 모든 과거를 지워주시고
은혜를 예비해 주시니 감사합니다.
악한 자의 저주가
제 안에 역사하지 못하도록
모든 상처와 아픔을 치유해주시니
감사합니다.

성령님,
죄의 길에서 돌이키게 하시고
생명의 숨결을 불어넣어 주시니
감사합니다.

이제 모든 부정적인 말과 저주를
십자가로 묶습니다.
부서진 마음을 회복시키고

잃어버린 삶을 되찾아 주시니
감사합니다.

주님의 끝없는 사랑으로
날마다 새로운 은혜를 내려주시고
복된 길로 인도하시니 감사합니다.

주님,
원수의 머리는 이미 짓밟혔습니다.
원수의 저주는 완전히 차단되었습니다.
원수와 맺은 계약은 깨끗하게 파기되었습니다.
저는 하나님의 자녀입니다.
약속을 받은 상속자입니다.

제 안에 있는 두려움, 분노, 교만,
게으름, 타협, 편 가르기, 우울,
이 모든 저주를 깨끗하게 제거해주시니
감사합니다.

모든 암, 심장질환, 폐렴, 뇌혈관 질환,
당뇨병, 알츠하이머병, 간 질환, 패혈증,
고혈압, 자살, 유전적인 질병까지
완벽하게 소멸시켜 주시니 감사합니다.

대를 이어져 내려온 가난과 폭력과 이혼,
우상숭배와 술과 마약, 음란, 온갖 중독을
완전히 뿌리 뽑아 주시니 감사합니다.

주님,
제 안에 역사하는
모든 죄의 대물림을 끊어주시고
저주에서 해방시켜 주시고
자유롭고 복된 길로 인도해주시니
감사합니다.

모든 저주를 소멸하는 주님의 능력과
자유케 하시는 주님의 은혜와
용서하시는 주님의 사랑을

제 삶을 통해 온 세상에 드러내 주시옵소서.

최후 승리하는 그날을 꿈꾸며
십자가의 주님을 바라봅니다.
승리하신 주님을 의지합니다.
주님, 감사합니다.

모든 저주를 축복으로 바꿔주신
예수님의 이름으로 기도드립니다.
아멘.

나의 감사 기도

따라 하는 기도 4 감사

초판 1쇄 발행	2023년 10월 23일
초판 6쇄 발행	2024년 12월 27일

지은이 　　　장재기

펴낸이 　　　여진구
책임편집 　　최현수
편집 　　　　이영주 박소영 구주은 안수경 김도연 김아진 정아혜
책임디자인 　노지현 마영애 | 조은혜 정은혜
홍보 · 외서 　진효지
마케팅 　　　김상순 강성민　　　　　　　마케팅지원 　최영배 정나영
제작 　　　　조영석 허병용　　　　　　　경영지원 　　김혜경 김경희

303비전성경암송학교 유니게 과정
이슬비전도학교 / 303비전성경암송학교 / 303비전꿈나무장학회

펴낸곳 　　　규장

주소 　06770 서울시 서초구 매헌로 16길 20(양재2동) 규장선교센터
전화 　02)578-0003　　팩스 　02)578-7332
이메일 　kyujang0691@gmail.com　　　홈페이지 　www.kyujang.com
페이스북 　facebook.com/kyujangbook　　인스타그램 　instagram.com/kyujang_com
카카오스토리 　story.kakao.com/kyujangbook
등록일 　1978.8.14. 제1-22

ⓒ 저자와의 협약 아래 인지는 생략되었습니다.
이 출판물은 저작권법에 의해 보호를 받는 저작물이므로 무단 전재와 무단 복제를 할 수 없습니다.

책값 　뒤표지에 있습니다.
ISBN 　979-11-6504-476-3　03230

규 | 장 | 수 | 칙

1. 기도로 기획하고 기도로 제작한다.
2. 오직 그리스도의 성품을 사모하는 독자가 원하고 필요로 하는 책만을 출판한다.
3. 한 활자 한 문장에 온 정성을 쏟는다.
4. 성실과 정확을 생명으로 삼고 일한다.
5. 긍정적이며 적극적인 신앙과 신행일치에의 안내자의 사명을 다한다.
6. 충고와 조언을 항상 감사로 경청한다.
7. 지상목표는 문서선교에 있다.